현대문화 속의 전도

 모든 인간은 하나님의 형상을 닮은 존엄한 존재입니다. 전 세계의 모든 사람들은 인종, 민족, 피부색, 문화, 언어에 관계없이 존귀합니다. 예영커뮤니케이션은 이러한 정신에 근거해 모든 인간이 존귀한 삶을 사는 데 필요한 지식과 문화를 예수 그리스도의 사랑으로 보급시킴으로써 우리가 속한 사회에 기여하고자 합니다.

현대문화 속의 전도

지은이 · 제람 바즈
옮긴이 · 한국라브리 번역위원회
초판 1쇄 펴낸날 · 1995년 12월 10일
초판 3쇄 펴낸날 · 2002년 11월 11일
펴낸이 · 김승태
편집장 · 최창숙
편집, 교정 · 한윤순, 김수연, 최명주
표지디자인 · 강민주
영업 · 윤여근
등록번호 · 제2-1349호(1992. 3. 31)
펴낸곳 · 예영커뮤니케이션
　　　　110-616 서울 광화문 우체국 사서함 1661
　　　　출판유통사업부 T. (02)766-7912 F. (02)766-8934
　　　　　　　　E-mail: jeyoungsales@chollian.net
　　　　출판사업부 T. (02)766-8931 F. (02)766-8934
　　　　　　　　E-mail: jeyoungedit@chollian.net

ISBN 89-85313-26-6　　03230

copyright © 1995, L' Abri Fellowship

값 4,500 원

■ 잘못 만들어진 책은 언제든지 교환해 드립니다.

현대문화 속의
전도

예영커뮤니케이션

머리말

지금은 한국 교회의 위기입니다. 전도가 예전 같지 않기 때문입니다. 거기에는 여러 가지 원인이 있을 것입니다. 그러나 가장 큰 실패 원인은 사람들의 문화를 충분히 고려하지 않고 전도한다는 데에 있습니다.

우리는 믿지 않는 사람들의 개인적인 사정이나 고민에 귀를 기울이기는커녕 그들이 복음을 들을 준비가 다 된 사람들처럼 획일적으로 접근하기 쉽습니다. 다시 말하면 성경을 아는 사람들과 모르는 사람들에 대한 구별도 하지 않고, 만나는 사람마다 예수와 성경에 대한 사전 지식이 충만한 것처럼 접근합니다. 대부분은 전도자의 일방 통행으로 끝나고 안 좋은 인상만 남기는 경우가 많습니다.

그러나 전도의 왕, 바울 사도는 달랐습니다. 그는 성경을 아는 유대인들과 성경을 모르는 이방인에 대한 전도 방법을 전혀 다르게 했습니다. 그는 성경을 아는 유대인들과 이방인들에게는 구약 성경에서 출발하여 그들이 기다리던 메시아가 바로 '예수'라며 성경을 통해 증거합니다. 그러나 성경을 모르는 이방인들을 만났을 때는 그렇지 않은 사람들을 만났을 때와는 전혀 다른 방법을 사용합니다.

그 대표적인 예가 루스드라와 아테네 혹은 벨릭스 총독을 만났을 때였습니다. 루스드라는 농업과 상업의 중심지였기 때문에 바울은 기독교의 하나님은 비와 바람의 하나님이라고 소개했습니다. 그리고 아테네의 철학자들에게는 자신들의 지식에 모순되는 알지 못하는 신을 버리고 참 신이신 하나님을 믿으라고 말했습니다. 정치가 벨릭스에게는 그의 관심 사항에 맞게 하나님은 공의로운 통치자라는 것을 증거했습니다. 그들의 문화를 따라 알맞게 전도를 한 것입니다.

우리가 만나는 20세기 말의 한국인들도 바울의 청중들과 같습니다. 어떤 사람은 마음의 상처가 있고, 어떤 사람은 정직한 질문이 있고, 또 어떤 사람은 죄책감으로 시달리고 있습니다. 그리고 대다수의 한국인들은 성경을 잘 모르는 복음의 이방인들입니다. 그들에게 알맞는 전도 방법으로 접근해야 합니다. 그것은 다름이 아니라 한국인들이 살아 숨쉬고 있는 문화를 충분히 고려하고 전도하는 것입니다.

이것은 바울 사도가 했던 것처럼 '유대인에게는 유대인처럼, 헬라인에게는 헬라인처럼' 되는 것입니다. 이것을 전도학에서는 '동일성의 원리'라고 부릅니다. 라브리에서는 이를 두고 "학생들의 신발을 신어라"고 합니다. 즉 내가 전도하려는 학생들의 입장에 서서 그들의 문제점과 아픔을 알고 그 학생에게 알맞은 전도를 해야 한다는 것입니다. 물론 학생들과 접촉점이 마련된 후에는 복음을 명확하게 제시해야 합니다. 제람 바즈 교수의 이 책은 이러한 전도의 위기를 극복할 수 있도록 현대 문화의 분석에서부터 성경적인 전도 방법에 이르기까지 구체적인 대안들을 제시하고 있습니다.

참고로 제람 바즈 교수는 영국 라브리에서 20여 년 동안 청년전도에 헌신했던 간사였습니다. 수많은 사람들이 그를 통해 예수님을 만나고 새로운 인생을 시작하는 것을 체험한 사람입니다. 그리고 여덟 명으로 시작한 개척 교회가 지금은 영국 남부에서 제일 큰 장로 교회로 성장하기까지 기도와 말씀으로 봉사한 신실한 장로였습니다. 지금은 모교인 미국 커버넌트신학교에서 신학을 가르치는 교수와 목사로서, 신학교 안에 개설된 일반인들을 위한 프로그램인 'Salt & Light'에서 수백 명의 대중들을 만나고 있고, 그리고 세계 여러 나라의 세미나와 수양회를 통해 사람들을 주님 앞으로 인도하고 있습니다.

수 년 전에 그가 한 말이 아직도 귓전에 생생합니다. "나 개인적인 소망은 하나님의 말씀의 내용을 변질시키지 않으면서도 세상 사람들이 복음을 듣고 이해할 수 있는 방법으로 전달하는 것이다." 저자와 같은 소망을 꿈꾸는 전도자들이 이 땅에도 많이 일어나기를 바랍니다.

1995년 10월 17일
라브리에서 성인경
(한국라브리 대표간사, 후암교회 협동목사)

차 례

차 례

포스트모더니즘 과 신세대

"주 여호와께서 가라사대 보라 날이 이를지라 내가 기근을 땅에 보내리니 양식이 없어 주림이 아니며 물이 없어 갈함이 아니요 여호와의 말씀을 듣지 못한 기갈이라 사람이 이 바다에서 저 바다까지, 북에서 동까지 비틀거리며 여호와의 말씀을 구하려고 달려 왕래하되 얻지 못하리니 그날에 아름다운 처녀와 젊은 남자가 다 갈하여 피곤하리라"(암 8:11-13).

첫 장은 당면한 현실문제와 관련이 있습니다.

포스트모더니즘(Post-Modernism)이란 무엇인가?

그런 의미에서 이 강좌에서는 포스트모더니즘이 무엇인지 말씀드리려고 합니다. 포스트모더니즘의 서톤으로 소위 X세대가 무엇인지부터 말씀드리겠습니다. X세대의 사고방식이라는 것은 부유층 젊은이들을 비롯해서 가난한 젊은이들, 마약을 하는 젊은이들의 사고방식을 포함하는 것입니다.

저는 미국 세인트루이스라는 곳에서 일하고 있습니다. 거기에 유명한 대학 내에서 IVF 사역을 하는 친구가 있습니다. 약 2주 전에 그는 어떤 대학교의 총명한 학생들과 앉아 대화를 나누었다고 합니다. 그리고 다음날에는 흑백인의 갈등해소를 위해 기도하고 노력하는 교회의 흑인학생들, 빈부격차가 심한 동네에 사는 흑인들과 대화를 하였습니다. 돈 많고 머리 좋은 백인학생들과 흑인학생들에게는 많은 차이가 있음에도 불구하고 그들의 사고방식이 원칙적으로는 같다는 것을 알았다고 합니다.

두 그룹의 사고방식은 이렇습니다. 그들은 이상이 없고, 무슨 일에 자기를 헌신하려는 생각이 없고, 존경심도 없고, 어떤 권위나 성스러움도 거부하고, 회의와 의심이 많고, 자신의 인생에 대해 지루함을 느낀다고 합니다. 아직 젊디 젊은 사람들이 인생이 지루해졌다고 말하는 것은 놀라운 사실입니다. 그러면 이런 세대를 만들어 낸 세대가 무엇이며 포스트모더니즘이 무엇인가를 생각해 봅시다.

포스트모더니즘의 사상은 세 가지로 말할 수 있습니다. 첫째, 포스트모더니즘은 하나의 생활양식이라고 말할 수 있습니다. 둘째, 문학비평의 한 방식으로 쓰일 수 있습니다. 셋째, 철학양식의 용어라고 말할 수 있습니다.

1. 생활양식에서의 포스트모더니즘

일반적으로 생활양식에서 나타나는 것을 먼저 생각해 보겠습니다. 건축양식을 예로 들자면, 여러 가지 다른 형태의 양식으로 집을 짓는 것을 생각할 수 있습니다. 포스트모더니즘의 건축양식을 보면, 과거의 모든 양식을 혼합해서 쓰고 있습니다. 놀라운 방식으로 혼합합니다. 좋은 예로 파리에 있는 퐁피두 센터를 들 수 있습니다. 이것을 사진으로 본 사람도 있을 것입니다. 바로 루브르

박물관 앞에 있는 건축물입니다. 고전양식으로 지어진 박물관 앞에 이 건물이 있습니다. 유리와 강철을 재료를 쓴 것을 보면 혼합이라는 것을 알 수 있습니다.

포스트모더니즘의 또 하나의 특색은 고등문화와 하등문화의 구별이 없다는 것입니다. 세인트루이스의 예를 들면, 쇼핑센터에서 볼 수 있는 두 가지 건축양식입니다. 한 곳에 현대적 건축양식을 따른 건물이 있고, 바로 옆에는 골동품을 파는 고전적 건물이 있습니다. 골동품을 파는 상점에서는 유명한 그림이나 조각 같은 것을 모조품으로 만들어서 팝니다. 놀라운 점은 이것입니다. 모네의 그림이나 피카소의 그림이 함께 판매되고 있고 슬픔을 나타내는 그림들도 있고, 인간존재의 허무를 나타내는 것도 있습니다. 그러면서도 몇 발자국만 옮기면 퍼즐게임을 살 수 있는 곳입니다. 그래서 현대의 디즈니와 더불어 고전작품들을 살 수 있는 혼합적인 성격을 띠고 있는데, 이것이 포스트모더니즘의 성격입니다.

또 한 가지 포스트모더니즘의 특징은 어떤 것이든 예술품이 될 수 있다는 것입니다. 가장 유명한 예는, 미국의 앤디워홀을 들 수 있습니다. 그가 만들어 놓은 작품 중에는 캠벨이라는 수프를 그려 놓고 예술품이라고 하는 것이 있습니다. 마샬 드 샴프 같은 사람은 자전거바퀴, 화장실의 변기 같은 것을 갖다 놓고 예술작품이라고 말합니다.

제 작은 아들이 다니는 고등학교도 그 예라 볼 수 있는데, 그 학교 건축양식은 포스트모더니즘의 상징이라 할 수 있습니다. 아이들이 가지고 노는 레고 장남감모양입니다. 어떻게 보면 레고를 가지고 크게 건물을 지어 놓은 것 같습니다. 포스트모더니즘이 깃들어 있는 작품들을 보고서, '야, 재미있는데' 하고 느낄 수도 있을 것입니다. 그러나 더 깊이 생각하면, 포스트모더니즘의 작품에는 기준이 없습니다. 성스러움도 없습니다. 그래서 예술작품, 건축양식, 미술작품들을 보고 비평할 기준이 없어지는 것입니다.

2. 문학비평에서의 포스트모더니즘

현대의 대학교에서 문학비평이 중요한 학문으로 자리를 잡고 있습니다. 포스트모더니즘을 추구하는 대학교에서, 문제는 셰익스피어를 어떻게 읽어야 하는가 하는 것입니다. 「햄릿」을 우리가 어떻게 이해해야 합니까?

전통적인 방법은 이렇습니다. 독자는 셰익스피어가 「햄릿」을 쓴 의도가 무엇인가를 묻습니다. 아마 여러분이 무슨 책을 읽든지 간에 그러한 접근을 하리라고 생각합니다. 그래서 지난 세기 동안에 문학비평은 발전할 수 있었는데, 발전한 그 다음 단계는, 책의 의미는 작가의 의도에 있는 것이 아니고 책이나 글 자체에 있다고 보는 것입니다. 이것을 새로운 비평 혹은 구조주의라고 합니다. 모든 작가는 그가 살고 있는 문화 안에서 영향을 받고 있다는 가정입니다. 그래서 우리가 작가가 살고 있는 사회의 규범들을 이해하면 작품을 이해할 수 있는 것입니다. 여기에서 강조하는 것은 작가의 의도와는 상관이 없다는 점입니다.

다시 셰익스피어를 예로 들어 봅시다. 우리가 이렇게 새로운 비평, 구조주의의 방법으로 셰익스피어의 작품을 살펴보면, 비평가는 이러한 점을 질문할 것입니다. 그가 이 작품을 쓸 때의 조건은 어떠하였는가 하는 것입니다. 예를 들면, 남자와 여자의 관계성에 대한 규범은 어떤 것이었는가 하는 것입니다. 여기에서 여성해방주의를 끄집어낼 수 있을 것입니다. 또 그 당시 경제구조가 어떠하였는가를 물을 수 있습니다. 그리하여 거기서 공산주의를 끌어낼 수 있을 것입니다. 그러나 제가 그 작가가 그렇게 쓰지 않았을 텐데 하고 물으면 "그것은 상관이 없지요"라고 대답할 것입니다. 즉, 작가의 의도와는 상관이 없다는 것입니다.

　문학비평의 다음 단계를 말해 보겠습니다. 말씀드린 대로 포스트모더니즘의 방식대로 문학작품을 읽는다면, 여성해방주의, 공산주의를 대변하는 것으로 그 작품을 해석할 수 있을 것입니다.

　다음 단계는 독자의 반응이론입니다. 독자의 반응에 따라 의미가 달라진다는 것입니다. 작품의 의미는 읽는 사람에게 달렸다는 것입니다. 「햄릿」이나 그외 다른 작품도 읽을 때마다 여러 가지로 해석할 수 있을 것입니다. 여러분 모두에게 「햄릿」을 읽힌 다음에 해석해 보라면, 여러분은 각자 다른 해석을 내놓을 수 있다는 것입니다.

　이 이론에 의하면 모든 해석방법은 옳습니다. 여러분께서 만약 아이들에게 문학을 가르치게 되었을 때어 네 마음대로 해석하라고 가르치는 것과 마찬가지입니다. 누구나 다 자기가 읽은 대로 해석할 수 있다는 것입니다. 다시 말해 누구의 해석이 좋고 누구의 해석이 나쁘다는 판단을 할 수 없다는 것입니다. 또 미술관에 들어가서 그림을 보고 각자가 느끼는 것이 그 그림의 의미라는 것입니다. 이것이 바로 포스트모더니즘에 따른 문학비평의 결과입니다.

　포스트모더니즘이 말하고 있는 것은 텍스트 자체에는 의미가 있을 수 없다는 것입니다. 바꾸어서 말씀드리면, 모든 책을 읽을 때 뜻을 찾아내려는 생각으로 읽는다면 그것은 책을 잘못 읽는 것입니다. 언어의 표시 이외에는 어떤 의미도 찾을 수 없다고 합니다. 언어의 표시가 무엇을 지적하고 있는지 우리는 말할 수 없다고 합니다. 그래서 이 작품이 쓰여진 시대의 규범들, 습관들은 영원히 감추어져 있다고 말하면서 그런 것들은 우리에게 알려지지 않는다고 합니다. 작가의 의도를 영원히 알 수 없다고 합니다. 데리다는 자기의 입장을 이렇게 말합니다. "나는 어떤 입장에 서려고 노력하는데, 그 입장은 내가 어디로 가는지 모르는 입장이다."

　만약 이런 식으로 우리가 생각한다면, 전통적인 문학은 완전히 파괴되는 것입니다. 성경에서 선한 사마리아 인에 대한 기사를 생각해 봅시다. 데리다는 누가복음에 있는 그 기사에서 저자 누가의 의도를 전혀 알 수 없다고 합니다. 누가의 의도는 자신에게 완전히 감추어져 있다고 합니다. 그리고 그 당시 이 글이 쓰여졌던 문화도 자신에게 알려지지 않았다고 합니다. 자신이 읽을 수는 있지만 이해한다고 확신할 정도로 읽을 수 없다고 합니다. 이렇게 표현할 수 있을까요? '문학비평은 낭떠러지에 떨어지고 말았다고.'

현대의 대학교에서 배우는 문학비평은 굉장히 중요한 학문 중의 하나입니다. 역사연구에 굉장히 많은 영향을 미칩니다. 더 나아가서 소위 인문과학이라는 것을 완전히 파괴시키는 결과가 됩니다.

3. 포스트모더니즘은 철학에 대해서 어떻게 말하는가?

지식의 철학, 즉 인식론이라고 하는 것은 어떤 사물에 대해서 우리가 어떻게 아는가 하고 질문을 던지는 것입니다. 여기 제 안경이 있는데, 이 안경에 대해서 우리가 어떻게, 무엇을 알 수 있을까 하는 것입니다. 이에 대한 인식은 다음과 같습니다.

첫째, 전근대주의(Pre-Modernism)에 따른 인식입니다. 전근대 시대의 사고를 하는 사람은 필자에게 물건은 객관적으로 존재한다고 말할 것입니다. 이 안경은 진짜 존재하고 있습니다. 객관적으로 존재하고 있다는 것은 초자연적인 힘에 의해서 존재하고 있는 것이라고 합니다. 플라톤에 따르면, 우리가 지상에서 볼 수 있는 안경은 하늘에 있는 영적인 안경의 모델입니다. 땅에서 만지고 볼 수 있는 것은 하늘에 있는 것의 복사라고 말합니다.

우리 그리스도인들은 그러한 내용을 어떻게 이해하고 있는가를 봅시다. 우리 그리스도인들은 이 안경들이 정말 객관적으로 존재한다고 말합니다. 세상에 존재하는 모든 것은 하나님의 힘으로 유지되고 존재한다고 말합니다.

신약성경 몇 군데에서 이런 말을 합니다. 요한복음 1장을 보면, 모든 것은 하나님에 의해서 창조되었다고 말합니다. 히브리서 1장에서는 세상의 모든 것들은 하나님의 능력에 의해 유지된다고 말합니다. 골로새서 1장에서도 모든 것이 예수 안에서 하나로 뭉친다고 말합니다. 세상에 객관적으로 존재하는 것이 하늘의 능력으로 유지되고 존재한다고 하는 것이 근대적인 생각입니다.

둘째, 이제 현대적인 생각을 살펴봅시다. 현대라는 것은 기간으로 볼 때, 계몽시대에서부터 최근까지라고 할 수 있습니다. 현대 사람들도 물건들이 객관적으로 존재한다고 말합니다. 그 존재하는 것들은 우리가 관찰함으로써 판별할 수 있다고 말합니다. 물건들이 존재하는데 우리가 그것을 보고 생각함으로써 존재한다는 것을 알 수 있다고 합니다.

데이비드 흄(David Hume)은 이렇게 말합니다. 이성은 보좌를 차지할 때에야 나타난다. 법을 만들고 격언들을 만들어 냄으로써 권위를 가지며, 우리의 이성이라는 것은 과학을 통해서 절대적인 권위를 획득할 수 있다는 것입니다. 이것이 이성주의입니다. 우리 이성과 이성이 만들어 내는 과학을 가지고 세상의 물건들의 절대적인 진리를 알 수 있다고 합니다.

셋째, 포스트모더니즘으로 들어오면, 이 사상은 계몽주의의 주장과 계몽주의가 가졌던 이성의 확신을 반대하고 나옵니다. 포스트모더니즘은 물건들이 객관적으로 존재한다는 것을 알 수 없다고 합니다. 물건들은, 존재한다는 모든 것들은 우리가 만들어 낸 것이라고 말합니다. 어떤 것이 무엇인지를 절대로 알 수 없다고 합니다. 존재하는 것들은 습관에 지나지 않는다고 합니다. 그래서 진정한 지식을 도저히 찾아낼 수 없다고 합니다. 그것이 바로 포스트모더니즘의 중심사상입니다. 다시 말해서, 객관적인 진리는 있을 수 없다는 것입니다.

포스트모더니즘의 결과

1. 이성의 능력 거부

포스트모더니즘이 말하는 것은 이성으로는 아무것도 알아낼 수 없다는 것입니다. '우리의 이성은 불완전하다. 객관적인 진리라는 것은 없다.' 이것이 바로 미국사람들이 대부분 가지고 있는 인생철학입니다. X세대의 80% 이상이 절대적인 진리는 없다고 생각합니다. 개인적인 진리는 있을 수 있다고 말합니다. 당신의 진리가 있고 나의 진리가 있다고 생각합니다.

다원주의적인 사회에서 살 때에, 그렇게 생각할 수 있을 것입니다. 모든 사람이 나처럼 생각한다면, 더 이상 좋을 것이 없겠지요. 그러나 우리는 힌두교, 회교 등 여러 다른 종교를 가진 사람이 있는 다원주의의 사회에서 살고 있기 때문에 자신이 믿는 것만이 진리라고 말하기는 어려울 것입니다. 서구사회에서 이제까지 믿어 왔던 인생철학, 즉 누구든지 자기의 주장을 말할 수 있다는 것인데, 결과는 모든 것에 진리가 있다는 것입니다.

만약 개인적인 진리만 있고 절대적인 진리가 없다는 것은 궁극적인 진리가 없다고 말하는 것과 같다고 말할 수 있습니다. 그래서 우리는 회의에 빠지게 됩니다.

저에게는 아들이 셋 있는데 모두 대학에 다닙니다. 그 애들의 친구들은 진리는 없다고 생각합니다. 진리가 있을지도 모른다는 희망조차 갖고 있지 않습니다. 그들이 즐기는 음악 중 얼터너티브 뮤직(Alternative Music)은 정말로 비관적입니다. 한 5년 전만 해도 얼터너티브 뮤직은 대학생들만 들었는데 지금은 고등학생도 듣는다고 합니다. 이 음악은 우리 인간, 인생에 대해 비관적입니다. 음악도, 가사도 흥미있는 것이지만 굉장히 슬프고 비관적입니다. 즉, 아름다운 멜로디이지만 가사는 굉장히 슬픈 내용입니다.

절대적인 진리를 거부하고 인생에는 의미가 없다고 생각하는 것, 그것은 포스트모더니즘의 결과입니다.

2. 권위 거부

권위를 거부합니다. 그것은 한국사회에서 굉장히 두려운 사상일 것입니다. 아마 한국에도 포스트모더니즘이 들어왔으리라 생각합니다. 포스트모더니즘의 사고를 지닌 사람은 어떤 책이건 사람이건 사상이건 그 어떠한 것도 존경할 만한 권위를 가지고 있지 않다고 합니다. 그 결과로 X세대들은 불경스런 마음으로 삽니다. 과거에 성스럽다고 생각했던 것을 전부 속된 것으로 만들어 버립니다. 마돈나가 그와 같은 예입니다. 마돈나가 부르는 노래의 가사를 보면, 가정, 교황, 종교의 가치를 모두 파괴하는 내용입니다. 마돈나의 음반은 역사상 여가수의 음반 중에 가장 많이 팔렸다고 합니다. 마돈나는 충격을 주기를 좋아하는 여자입니다. 이것이 X세대의 요소입니다.

우리가 존경과 권위를 부인한다면 어떤 양식도 좋은 것이 될 것입니다. 미키마우스가 피카소의 작품과 동등한 가치를 지니게 됩니다. 이것은 우리가 판단할 기준이 없어졌기 때문입니다.

3. 도덕적 상대주의

X세대나 포스트모더니즘을 추구하는 사람들에게는 영구적인, 초자연적인 명령 같은 것은 있을 수 없다고 합니다. 아무도 자신에게 '이것을 해야 한다'고 말할 수 있는 사람은 없다는 것입니다. 개인이 도덕의 주체가 됩니다. "당신이 누구인데 나한테 잔소리하느냐"고 말합니다. 그 결과 민주주의가 독재주의로 변신합니다. 미국민주주의역사를 살펴보면, 민주주의라는 것은 국민들이 자기의 대표를 뽑아서 국회로 보내는 것입니다. 요즘 미국의 민주

주의는 국민들이 자기들의 도덕을 스스로 선택하는 것으로 나타납니다. 그래서 요즈음은 낙태, 안락사 같은 것을 놓고 국민이 투표를 합니다. 이것이 바로 소설가 골딩이 말하는 것입니다. "하나님이 죽었다면, 인간이 최고의 동물이라면, 선과 악은 다수의 심판으로 결정해야 한다. 아무도 누구에게 '옳다 그르다' 말할 수 없다."

미국의 유명한 법정사례가 있습니다. 노래 가사 중에 성폭행하는 내용이 있습니다. 그래서 미국의 남쪽 주 중에서 성폭행을 담고 있는 가사를 가지고 재판을 했습니다. 그러나 배심원들은 고발당한 그룹을 무죄로 판결했습니다. 가사내용이 분명하게 강간이나 성폭행하는 것이었는데 무죄로 석방했습니다. 재판이 끝난 다음에, 그들은 "나는 이 가사를 싫어한다. 내 아이들이 듣기를 원하지 않는다. 그러나 내가 누군데 남의 것을 '좋다 나쁘다' 말할 수 있는가?"라고 말했다고 합니다.

그래서 그 결과로 공공연하게 합리적이고 논리적으로 토론을 할 수 없다는 결론이 나오는 것입니다. 미국에는 어떤 하나의 공동체가 다른 공동체를 이해할 수 없는 문화의 전쟁이 일어나고 있습니다. 옳고 그름의 기준이 없을 때에는 누구와도 대화를 할 수 없습니다. 그래서 정치토론이라고 하는 것이 전쟁으로 끌려나가는 것입니다.

버지니아 대학교의 사회학과 교수가 「문화전쟁」과 「총격이 일어날 때」라는 책을 썼습니다. 사람들이 토론을 하는 대신에 총을 가지고 서로 죽이는 상태가 된다는 것입니다. 사회의 윤리적인 기준이 없어지는 결과로 이런 현상이 나타나는 것입니다.

4. 실제적인 우상숭배
만약 우리가 의미를 줄 수 있는 이야기를 전해주지 못한다면,

소위 마음의 우상이라는 것을 찾게 됩니다. 사람들은 우상들이 아무리 비이성적인 것이라 하더라도 믿을 수밖에 없습니다. 그런 다음에 어떤 말을 들었을 때, 이것이 옳은 것인가에 대해서는 질문조차 하지 않습니다. 인생을 끌어갈 수 있는 법이 없다면, 마음의 소리를 찾게 되는 것입니다. 그래서 자기들의 인생을 끌어갈 수 있는 것―돈, 섹스, 마약 등―을 추구합니다. 올바르고 가치있는 것들을 추구하고자 하는 정열이 없기 때문에 마음의 쾌락을 추구하며 살게 됩니다. 미국은 우상을 숭배하는 나라입니다. 물질, 향락을 추구하는 사회입니다. 하나님을 경배하는 삶을 살지 못하면, 이 땅에 있는 것을 숭배하며 살 수밖에 없습니다.

5. 우상의 복귀

사람은 종교는 버릴 수 있어도 종교성은 버릴 수 없습니다. 어떤 사람이든지 자기의 영적인 갈급함을 채워 줄 수 있는 종교를 받아들입니다. 그래서 미국에는 이방인들이 만든 종교들, 소위 뉴에이지를 많이 추종합니다. 마음에 있는 공백을 잠시라도 채워줄 수 있는가 하는 질문만 합니다.

우리가 기독교와 공동체사회 속에서 이런 것들을 생각할 때, 포스트모더니즘이 가져다 주는 실제적인 결과는 우리가 읽은 아모스서에 젊은 남녀들은 말씀이 없으면 기아상태가 되어서 굶어 죽게 된다고 말한 것과 같은 현상이 일어나는 것입니다.

현대전도의 문제점

저는 얼마 전에 포스트모더니즘이 나온 이유가 무엇인가 하는 질문을 받았습니다. 포스트모더니즘은 모더니즘의 필연적인 결과라고 할 수 있습니다. 계몽주의시대에 살던 사람들이 인간의 이성만을 믿고 하나님을 잊어버리고 산 결과로 포스트모더니즘이 도래한 것입니다. 예레미야 선지자는 이 점을 예레미야 2:13에서 지적하고 있습니다. "내 백성이 두 가지 악을 행하였나니, 곧 생수의 근원 되는 나를 버린 것과 스스로 웅덩이를 판 것인데 그것은 물을 저축지 못할 터진 웅덩이니라."

여기서 계몽주의사상을 바로 물이 서는 웅덩이라고 비유할 수 있겠는데, 물을 담고 있는 웅덩이가 터져서 물이 다 새고 말았습니다. 본장에서는 '그러면 우리가 복음을 전하는 데 있어서, 포스트모더니즘 시대를 살아가는 사람들에게 어떻게 효과적으로 복음을 전할 수 있습니까?' 라는 질문을 가지고 포스트모더니즘 사회를 좀더 크게 분석해 보고, 그것이 교회에 어떤 영향을 주었는가를 모색해 보려 합니다.

종교와 진리의 문제

앞 장에서 포스트모더니즘의 첫째 결과는 진리를 상실하였다는 것이었습니다. 제가 말씀드린 대로 미국인의 2/3가 절대적인 진리를 믿지 않습니다. 그리고 X세대의 80%가 절대적인 진리는 없다고 믿고 있습니다. 아마 기독교가정에서, 혹은 기독교환경에서 자라난 사람들은 진리가 없다는 말이 이상하게 들릴 것입니다. 이런 사회의 문제는 두 가지 문제에 대한 도전으로 나타날 수 있습니다.

1. 기독교를 진리로 믿고 있는가?

이것은 여러분이 기독교가 진리이기 때문에 믿는 것인지, 아니면 여러분이 종교적이기 때문에 단순히 종교로서 기독교를 선택해서 믿는 것일 뿐인지를 묻는 것입니다. 여러분은 어려서 부모의 강요로 습관적으로 믿게 되었습니까 아니면 믿지 않고는 견딜 수 없는 진리로 기독교를 받아들입니까? 여러분은 습관적으로 교회를 다닐 뿐 아니라, 목사님이 성경을 보라고 큰 소리를 치니까 성경을 보는 것입니까, 아니면 성경이 진리이기 때문에 여러분의 삶을 변화시키는 혁명적인 진리이기 때문에 읽는 것입니까? 아마 이런 질문은 습관적으로 믿는 사람에게는 이상한 질문이 될 것입니다.

그러나 미국에 있는, 소위 복음주의자라고 하는 신자들 중에서도 절반 이상이 참진리라는 것은 존재할 수 없다고 믿습니다. 중생을 확신한다고 하는 복음주의신자의 절반 정도는 모든 종교는 똑같다고 믿고 있습니다. 만약에 어떤 사람이 그러한 생각을 가지고 있다면, 진짜 그리스도인이라고 말할 수는 없을 것입니다. 모든 종교가 똑같다는 믿음을 가지고 있다면, 그 사람은 기독교를 습관적으로 믿고 있다고 말할 수밖에 없습니다. 유일하게 살아 계신 하나님을 믿고 있지 않다면, 습관적인 신앙생활을 하고 있는 것입니다. 이것이 첫번째 도전입니다.

제가 말씀드리고자 하는 것은, 이 질문을 들었을 때에 여러분이 어떤 입장에 있는가를 신중하게 생각해 보라는 것입니다. 만약 이런 질문을 들으시고 여러분의 입장에 의심이 생긴다면 솔직하게 질문하고 대답하기 위한 것입니다. 기독교라는 것은 유일한 진리이기 때문에, 진리라는 것은 어떠한 가치에 맞서서도 말해 줄 수 있는 것입니다. 우리가 피해야 할 태도는 회의나 의심이 생길 때, 절대로 감추어서는 안 된다는 것입니다.

예를 들면, 신학교에서 이런 일이 있었다고 합니다. 이 여학생은 전형적인 포스트모더니즘을 추구하는 대학교에서 문학을 공부하였는데, 문학을 배우는 동안 신앙이 파괴되고 말았습니다. 그 학생은 저에게 질문하기 시작했는데, 자기가 믿는 것이 진짜 진리인지 아닌지 모르겠다는 내용이었습니다. 그 학생은 자신이 다니던 교회의 목사님에게 상담을 하였지만, 그 목사님이 하신 말씀은 무릎을 꿇고 회개기도하라는 것이었다고 합니다. 물론 인간은 모두 회개해야 하지만 회개한다고 해서 그 회의가 없어지는 것은 아닙니다. 그래서 회의나 의문이 있으면 대답할 수 있는 사람에게 가서 그 질문에 대한 답을 찾아야 합니다. 이 세대에 복음을 전하려면, 우리 자신이 기독교가 진리라는 것을 확신할 수 있어야 합니다.

2. 안 믿는 사람에게 진리를 전하고 있는가?

여러분 주변의 사람들은 자신들이 전도를 받을 때, 전도하는 자들이 진리를 말하고 있다고는 생각하지 않습니다. 진리가 없다고 믿는 세대들이 진리를 전해도 진리로 듣지 아니하고 어떤 종교를 전하는구나 하고 생각한다는 것입니다.

한 예로 2년 전에 제가 TV에서 인터뷰를 할 기회가 있었는데, 저를 인터뷰한 여자가 기독교에 이런 식으로 접근하였습니다. " 이번 주일은 장로교에 나가고, 다음 주일은 감리교에 가고, 또 다른 주일은 성공회…, 유대교 회당…, 불교의 사원에도 갑니다." 그 여자는 교회라든가 어떤 종교단체에 가서 예배드린다는 것을 여러 식당을 찾아다니는 것으로 생각되었던 것입니다. 즉, 이 말은 한 번은 중국집에 가서 식사를 하고, 한 번은 양식집에서 식사를 하고, 한 번은 한식집에서 식사하는 것과 같은 것입니다. 그래서 "제가 기독교는 유일하고 절대적인 진리라는 점에 대해 생각해 보시죠"라고 했을 때, 그 여자는 이상하게 생각했습니다. 그녀는 "저는 그렇게 생각해 본 적이 없고 그렇게 전하는 사람도 만나지 못했습니다"라고 말했습니다. 그 여자는 X세대도 아니었습니다.

그래서 여러분에게 질문을 던지는 것은, 여러분이 기독교를 진리로 제시하고 진리를 전하는가, 아니면 단순히 하나의 종교를 전하는가 하는 것입니다. 여러분이 사람들에게 참진리를 깨닫고 알게 하지 않는 이상 그들을 하나님 앞으로 나오게 할 수 없습니다. 우리가 전도할 때, '생각하는 마음'을 목표로 하여 진리를 전하여야 합니다. 히브리서 저자는 11장 6절에서 이렇게 말합니다.

"믿음이 없이는 기쁘시게 못하나니 하나님께 나아가는 자는 반드시 그가 계신 것과 또한 그가 자기를 찾는 자들에게 상 주시는 이심을 믿어야 할지니라."

이 말씀은 기독교가 진리라는 것을 확신해야 한다는 말입니다. 다시 말해 신앙이냐 생활이냐가 문제입니다.

포스트모더니즘에서는 도덕적인 윤리관에 대한 분명한 태도가 없어졌습니다. 이 사회에서 사람들은 점차적으로 개인의 윤리관이 최고의 권위를 가지고 있다고 믿고 있습니다. 각자가 자기에게 맞는 도덕관을 취합니다. 이것은 새삼스러운 것이 아닙니다. 우리 인간은 항상 죄의 속성을 지니고 있었습니다. 사사기에 보면 모든 사람들이 자기가 옳다고 생각하는 대로 살았다는 말씀이 있습니다. 특히 우리 세대에서 이것이 문제입니다. 그래서 그것은 다음 두 가지를 생각하게 합니다.

첫째, 기독교인들에게 순종이라는 것이 과연 있는가 하는 것입니다. 아마 이 문제가 오늘날의 교회에서 가장 큰 문제가 될 것입니다. 미국의 예를 다시 들면, 복음주의교회를 다니는 많은 사람들이 낙태를 반대한다고 외치고 있지만, 실제로 낙태를 하는 복음주의신자의 숫자와 예수를 믿지 않는 사람의 숫자는 비슷하다는 것입니다. 그리고 예수를 잘 믿는다고 하는 사람의 이혼율이 믿지 않는 사람의 이혼율과 비슷합니다. 미국의 기독교통계를 보면, 40-50%가 중생한 기독교인이라고 고백합니다. 그러나 그중에 10%만이 기독교 때문에 자신의 삶이 변했다고 고백합니다.

여기서 소위 성과 속(거룩함과 속된 것)이 분리되는 정도가 굉장히 빠른 속도로 늘어나고 있습니다. 그래서 어떤 사람들은 하나님은 우리가 이 세상에 어떻게 사느냐에 관심이 있는 것이 아니고 영적인 신앙, 영적인 구원에 관심이 있다고 합니다. 그런데 X세대는 그리스도인의 생활과 믿음이 같이 연결되지 않는 위선적인 태도를 가지고 있는 것을 꿰뚫어보고 있습니다. 예수님은 산상수훈(마 5:16)에서 이렇게 말합니다.

"이같이 너희 빛을 사람 앞에 비춰게 하여 저희로 너희 착한 행실을 보고 하늘에 계신 너희 아버지께 영광을 돌리게 하라"

우리 믿는 사람들이 순종하는 삶을 살지 않으면, 절대로 전도할 수 없을 것입니다. 왜냐하면 젊은 사람들은 자신들이 안 믿으면서도 믿는 사람들의 위선이나 불순종의 삶을 꿰뚫어보고 있기 때문입니다.

미국에서는 아직도 전도할 때에 전드받는 사람들의 말을 들어

보면, 예수를 믿는 데 가장 큰 장애가 되는 것이 TV에 나오는 부흥사라고 합니다. 믿는 사람들은, 특히 교회에서 돈 문제나 섹스 스캔들로 소문이 나면 아주 나쁜 영향을 미치게 됩니다. 그래서 교회에서 부도덕한 문제, 권위에 문제가 생기면 세상의 빛이 결코 되지 못하는 것입니다. 믿음과 생활을 비교해 볼 때, 부딪치는 첫 번째 도전은 우리가 주님의 말씀에 순종하면서 살고 있는가 하는 것입니다.

둘째 문제는 예수님의 십자가의 걸림돌(scandal)이라는 것입니다. 그 의미에 대해서는 마태복음 16장에 구체적으로 잘 나타나 있습니다. 마태복음 16장 16절에는 베드로의 신앙고백이 나옵니다. 베드로가 신앙고백을 한 이후로, 예수님은 자신이 고난을 당하고 십자가에 못박혀 죽으셨다가 부활하셔야 한다고 가르칩니다. 베드로는 절대 그런 일이 일어나서는 안 된다고 말합니다. 그러자 예수님은 '네가 걸림돌(scandal)'이라고 합니다. 그래서 바울은 나중에 유대 사람들에게는 십자가가 걸림돌이라고 말합니다. 왜냐하면, 유대 메시아사상에서는 메시아가 죽어야 한다는 것은 있을 수 없는 것이기 때문입니다. 유대인들에게 있어서 메시아는 왕인데 범죄자처럼 죽는다는 것은 말도 안 되는 것입니다. 메시아가 죽는다는 사실은 유대인의 기대에 어긋나는 것입니다. 그들에게 예수가 왕이라면, 왕이 되어야지 이처럼 십자가에 죽어서는 안 되는 것입니다.

어느 시대나 어느 나라에서나 기독교는 그 사회의 걸림돌이 됩니다. 헬라 인은 십자가를 지는 것은 바보나 하는 것이라고 생각합니다. 헬라 사람들은 지혜와 지식의 축적으로 자기들이 구원을 받을 수 있다고 생각하지만 바울은 지혜로는 구원을 얻을 수 없고 십자가를 통해서만 구원을 받을 수 있다고 합니다.

따라서 누구한테나 전도를 할 때는 여러분이 전하는 복음이 그들이 도저히 상상할 수도 없는 어떤 점을 공격하고 있는가를 알아야 합니다. 예를 들면, 포스트모더니즘 시대에 살고 있는 젊은이들이 복음을 받아들이지 못하는 것은 자기의 자유를 포기해야 한다는 것 때문입니다. 그래서 십자가의 걸림돌이 포스트모더니즘을 추구하는 사람들에게 주는 것은 예수의 종이 되어야 한다는 것인데, 종이 될 수 없으니 걸림돌이 되는 것입니다. 제가 만약 로버트 슐러 같이 설교를 한다면 어려운 십자가를 제쳐 놓고 여러분 자신을 사랑하라, 십일조 많이 내라 할 것입니다. 그러니 여러분이 캘리포니아에서 편하게 사시려면, 슐러 목사의 설교를 들으면 됩니다.

그렇다면 한국에는 십자가의 걸림돌이 전파되고 있습니까? 한국인에게 걸림돌이 되는 것이 무엇인가를 알고 십자가의 걸림돌을 전해야 합니다. 많은 사람들이 그것을 듣기 싫어하겠지만 그럼에도 불구하고 전해야 합니다. 전도할 때 복음 중에서 듣는 사람이 어떤 점을 가장 듣기 싫어하는가를 알아야 합니다. 먼저 여러분 자신이 가장 싫어하는 걸림돌이 무엇인가를 알아야 합니다.

성경을 읽을 때에, 여러분이 듣기 싫거나 기분이 좋지 않은 부분이 나오면 그 말씀에 집착하여 여러분 자신이 변해야 합니다. 여러분이 말씀에 부딪쳤을 때, 그것은 이미 여러분이 세상의 가치와 철학에 영향을 받고 있다는 것입니다. 부자 청년이 예수의 말을 듣고 그냥 간 것이 좋은 예입니다.

미국에는 점차적으로 개인주의가 발흥하고 있습니다. 그래서 우리가 X세대에게 복음을 전할 때, 우리가 개인주의를 숭상하고 있으면, 그들에게 복음을 전하기 힘들 것입니다. 어떤 부흥사는 복음을 전하면서 회개하라고 외치지 않고, 축복하는 말로 부드럽게 전한다고 합니다. 십자가의 걸림돌이 충격적이기 때문에 그것을 숨기면서 전한다는 것입니다. 우리는 십자가의 걸림돌을 전하지 않고는 복음을 전할 수 없습니다. 어디에서나 마찬가지이지만, 우리는 개인의 자유를 보호한다는 것에 반대해야 합니다. 우리는 개인주의를 방어하지 않으면 복음을 전할 수 없습니다. 루터는 "우리가 복음을 전할 때에 복음이 공격받는 점에 대해서 가르치지 않으면 아무리 큰 소리로 전해도 효과적으로 복음이 전해지지 않는다"고 하였습니다. 그래서 '우리에게 순종이 있는가?' 와 '세상이 우리에게 도전하는 공격지점을 잘 알고 대응하는가?' 의 문제는 무척 중요합니다.

'나' 그리고 사랑의 문제

앞서 말씀드린 대로, 현대사회는 내가 모든 일의 중심이 되어야 한다고 믿고 있습니다. 내가 나 자신의 도덕기준에 최고의 권위를 가지고 있다고 믿으면, 내가 세상에서 가장 중요한 존재라고 믿고 산다면, 나 자신을 기쁘게 하면서 살 수밖에 없습니다. 그래서 미국에서 만든 영화나 음악에는 그런 생각이 많이 드러납니다. 나 자신을 숭배하는 것입니다. 이것 역시 우리에게 두 가지 중대한 문제를 보여주고 있습니다.

1. 진정한 공동체가 이루어지고 있는가?

미국에서 심각한 문제 중의 하나는 교회 안에서까지도 공동체가 존재하지 않는다는 것입니다. 이 문제는 사실은 속세에서 일어나고 있는 것들을 반영하고 있는 것입니다. 간단히 말씀드려서, 현대사회에서 공동생활을 한다는 것은 실제적으로 어렵다는 말입니다.

전통적인 미국사회나 한국사회는 작은 공동체 안에서 행위들이 이루어졌습니다. 그러나 현재 우리의 사회에서는 상황이 다릅니다. 집과 직장이 멀리 떨어져 있습니다. 학교도 다른 지방으로 가서 그곳 사람들과 같이 다니고 있습니다. 다른 곳에서 쇼핑을 할 수도 있습니다. 운동이나 오락도 다른 지역에 사는 사람과 같이 할 수 있고, 교회생활도 멀리 떨어져 있는 사람과 같이 할 수 있습니다.

그래서 현대사회는 오랫동안 관계를 유지할 수 있는 사회가 아닙니다. 도시에서는 연속적인 관계를 댕기가 힘듭니다. 그리고 서로 모르는 사람들을 임의로 공동체로 모이게 하여도 서로 떨어지려고 애를 씁니다. 이것은 미국의 현상뿐만 아니라 전세계적인 현상인데, 특히 현대사회의 도시에서 이러한 현상이 더 많이 나타납니다. 이러한 현상을 엘리베이터 효과라고 합니다. 미국에서는 엘리베이터의 좁은 공간에 들어가면, 서로 눈을 마주치지 않으려 하고 말도 하려 하지 않는다고 합니다. 그래서 육체적으로 그렇게 가깝게 있으면서도 개개인은 서로 떨어지려는 현상으로 도시에서 두드러지게 나타납니다. 이것은 한국이나 미국이나 마찬가지이겠지만, 현대사회에서 이러한 일들이 일어남으로 말미암아 공동체사회를 구성하는 일 자체가 힘듭니다.

2. 개인의 행복을 추구하는 사상

개인의 행복추구 때문에 서로 격리되는 현상이 나타납니다. 저는 영국사람인데 6년 전에 미국으로 이민왔습니다. 이민할 때에 가장 어려웠던 점은 교회공동체를 떠나서 생소한 곳으로 간다는 것이었습니다. 많은 교인들이 교회에서 공동체생활을 영위하지 못합니다. 교회가 크면 클수록 공동체생활을 더욱 힘들어집니다. 제가 세인트루이스에서 2년 살았을 때에 제 아들이 어느 주일오전예배를 드리고 나서 "가족생활이 그립다"고 하였습니다. 저희가 영국에서 살 때에는 똘똘 뭉친 공동체교회에서 살았었습니다.

교회라는 공동체 안에서 진정한 공동체성이 있는가 하는 것은 이미 살펴보았습니다. 두번째 도전은 첫번째와 연관이 있는 것인데, 쉐퍼 박사는 사랑이 기독교인의 표시라고 말하였습니다. 물론 쉐퍼 박사는 요한복음 13:34-35을 인용한 것입니다.

"새 계명을 너희에게 주노니 서로 사랑하라 내가 너희를 사랑한 것같이 너희도 서로 사랑하라 너희가 서로 사랑하면 이로써 모든 사람이 너희가 내 제자인 줄 알리라."

요한복음 17장에 가면, 예수님께서 이렇게 말씀하십니다. 세상이 하나님의 아들을 버렸다는 것은 제자들이 서로 사랑함으로 알 수 있다고 하십니다. 진정한 사랑의 공동체를 이루지 못한다면 사랑의 복음을 전할 수 없다는 것입니다. 이것이 포스트모더니즘 세대가 제일 싫어하는 모습입니다. 그들로 하여금 진리를 믿을 수 있게 하려면, 진리를 믿는 사람들이 인간과 인간 사이에 진정한 관계를 이루고 준비해야 합니다. 복음을 세상에 전할 때에 가장 중요한 요소는 사랑의 공동체를 통해서 사랑을 밖으로 과시해야 한다는 것입니다.

우리와 그들의 문제

앞서 말씀드렸듯이, 포스트모더니즘의 두드러진 특징 중에 하나가 관대함, 온유함 등이 없어졌다는 것입니다. 현대사회에서는 문화와의 전쟁이 이루어지고 있습니다. 정치면에서 보면, 서로 다른 그룹들이 대화를 통해서 문제를 해결하지 못하고 싸우는 일이 많습니다. 중요한 것은 우리가 그리스도인으로서 이런 상황에서 얼마만큼 역량을 발휘할 수 있는가 하는 것입니다. 우리가 믿는 사람으로서 믿지 않는 사람들을 얼마나 존경하는가 하는 것입니다. 우리가 그들을 존중해 주지 못하면, 우리도 문화전쟁에 말려들 수 있습니다. 우리 사회에서는 우리 모두가 이런 유혹에 빠질 수 있습니다.

이 사회는 점차적으로 더 세속화됨으로써 전통적인 도덕기준이 없어질 것입니다. 그래서 그리스도인들은 믿지 않는 자들을 적대감을 가지고 대할 수도 있습니다. 그르 인해 다음과 같은 결과가 생기게 됩니다.

1. 세속문화와 사상을 두려워함

믿는 사람들이 주위의 안 믿는 사람들의 문화와 생각을 무서워하고 두려워하는 것입니다. 예를 들자면, 팝그룹이나 마돈나와 같은 사람들에게 영향을 받은 사람들을 두려워하고 적으로 생각합니다. 그래서 그 두려움으로 말미암아 미워하게 되고 그 다음에는 겉으로 그들을 비난하고 정죄하는 행등이 나옵니다. 그래서 교회에서는 설교하는 사람들이 세상을 비난하는 설교를 합니다. 믿는 사람들은 먼저 구원받았으니 자화 자찬하고 안 믿는 사람들을 정죄합니다. 이것은 예수 믿는 우리가 할 행동이 아니라고 봅니다.

누가복음 18장 9-14절에는 이런 말씀이 있습니다.

"또 자기를 의롭다고 믿고 다른 사람을 멸시하는 자들에게 이 비유로 말씀하시되 두 사람이 기도하러 성전에 올라가니 하나는 바리새인이요 하나는 세리라 바리새인은 서서 따로 기도하여 가로되 하나님이여 나는 다른 사람들 곧 트색, 불의, 간음을 하는 자들과 같지 아니하고 이 세리와도 같지 아니함을 감사하나이다 나는 이레에 두 번씩 금식하고 또 소득의 십일조를 드리나이다 하고 세리는 멀리 서서 감히 눈을 들어 하늘을 우러러 보지도 못하고 다만 가슴을 치며 가로되 하나님이여 불쌍히 여기옵소서 나는 죄인이로소이다 하였느니라 내가 너희에게 이르노니 이 사람이 저보다 의롭다 하심을 받고 집에 내려 갔느니라 무릇 자기를 높이는 자는 낮아지고 자기를 낮추는 자는 높아지리라 하시니라.”

우리가 피해야 할 위험은 믿지 않는 사람들을 무시하고 정죄하는 태도에서 발생합니다. 이런 비유는 믿지 않는 사람들을 무시하고 정죄하는 태도를 갖지 말라는 것입니다.

예수님께서는 믿는 사람들이 서로 모여서 자축하는 태도를 경계하십니다. 이렇게 우리들끼리 모여서 자축하고 안 믿는 사람들을 정죄하는 것은 세상에서 물러나서 하늘만 쳐다보는 것과 같습니다. 주변에 좋지 못한 사람과 상대하지 말자는 태도가 그 결과로 나오게 됩니다. 우리끼리 기독교문화를 창조해서 즐기자는 태도를 지니게 됩니다. 우리의 모든 생활영역에 그리스도인이라는 말을 붙여 회사나 음악 등을 만듭니다. 그렇게 하고 있는 사람들을 나쁘다고 정죄하는 것은 아니니 오해하지 마십시오.

그러나 우리가 우리 자신을 세상과 격리시키기 위해서 그렇게 하는지, 그렇지 않으면 우리가 세상을 위해 봉사하려고 존재하는가 하는 점은 우리 자신에게 한번쯤은 물어볼 필요가 있습니다. 만약 우리가 우리 자신을 위해서 봉사하고 악으로부터 보호하기 위해서 한다면, 이것은 하나님의 뜻이 아니라고 생각합니다.

예수님께서 요한복음 17장에서 대제사장의 기도를 하실 때에 요한복음 17장, 예수님의 대제사장적 기도를 보면 제자들이 세상을 벗어나서가 아니라 바로 이 세상에서 살기를 바라신다는 말씀이 있습니다. 여기서 우리 그리스도인들에게 새로운 과제가 던져지는데, 우리가 믿지 않는 사람들을 어떻게 생각하고 다루고 봉사하는가 하는 것입니다. 만약 우리가 믿는 사람으로서 세상에서 격리되어 있다면 우리가 어떻게 전도를 할 수 있겠습니까? 요즈음 전도하는 것을 보면 게릴라 전을 하는 것 같습니다. 세상에서 격리되어 있다면 그렇게 전도할 수밖에 없을 것입니다.

2. 세상과의 교통이 끊어짐

그리고 세상 사람들과 교통이 끊어지게 될 것입니다. 그 사람들을 이해하지 못하게 되는 것입니다. 전도하는 데 자꾸 테크닉만 개발하여 테크닉으로 전도하려고만 할 것입니다. 테크닉이 필요한 것이긴 하지만, 만약 우리가 전도할 때에 인간 대 인간으로 만나서 전도하지 못하면 그것은 참된 전도가 아닙니다. 포스트모더니즘 시대에서 전도의 방법을 1, 2, 3, 4 하는 식으로 테크닉을 만들어서 이것만 하면 된다는 식의 패키지 전도방법은 좋지 않습니다.

우리가 전도하는 데 인간적으로 친구를 삼고, 그로 인해 다리가 놓여서 복음을 전하느냐 아니면 인간이 무서워서 숨어 있다가 가끔 나와서 테크닉으로 전도하는가, 우리는 이 둘 중에서 지금까지는 대부분 후자의 방법을 택하여 왔습니다.

목사와 평신도 사이의 문제

필자는 목사로서 목사의 제사장적인 권위에 대해서 많이 생각하였습니다. 존 밀턴이라는 영국작가가 그가 다니는 교회에 새로운 장로가 왔을 때 '대제사장적이다'라는 표현을 썼다고 합니다. 그 교회에 복음주의교회는 최근에 만인제사장이라는 성경적 사상을 잊어버리기도 하고 잃어버리기도 했습니다. 16세기 종교개혁의 중요한 모토가 만인제사장인데 이것을 잃어버렸습니다. 권위상실입니다. 이것은 우리에게 다음과 같은 것을 질문하게 합니다.

1. 교회 안에 존경받는 권위가 있는가?

제가 알기로는, 그래도 한국에서는 목사라는 직이 존경받는 지위인데 서양에서도 예전에는 그렇게 생각을 했습니다. 그러나 목사직은 이제 더 이상 존경 받는 직이 아닙니다.

제가 영국에서 목사로서 일할 때, 안 믿는 사람과 접촉하게 되면 될 수 있는 한 직업을 밝히지 않으려고 했습니다. 상대방이 저의 사람됨을 알기 전에 목사라는 것을 알면 경계하기 때문에 잘 말하지 않습니다. 인간 대 인간으로 서로를 발견하고 존경하게 되었을 때 비로소 목사라는 것을 알리는 것이 더 효과적이기 때문입니다.

미국에도 그런 문제가 있습니다. 앞에서도 언급했지만 특별히 텔레비전 부흥사 스캔들 때문에 목사를 존경하지 않습니다. 많은 사람들이 '나는 목사입니다'라고 말하면 '당신은 돈 벌기 위해서 목사가 되었군요' 합니다. 그렇기 때문에 사람들이 목사를 존경하니까 나도 목화자나 되어 볼까 하는 생각은 큰 착각입니다. 한국에서도 이런 일이 일어날 수 있는데, 목사가 만일 가장된 권위를 행사할 때 사람들은 목사를 존경하지 않게 될 것입니다.

목사라는 권위보다도 생활을 통해서 존경을 얻어야 한다고 생각합니다. 그래서 신약에서도 종교지도자들은 사람들로부터 존경을 받는 인격이 있어야 한다는 것을 말하고 있습니다.

2. 성경적인 리더십의 모델은 무엇인가?

그렇다면 참되고 성경적인 리더십의 모델은 무엇입니까? 성경을 보면 세상에서 생각하는 리더십과는 전혀 다른 면을 발견하게 됩니다. 이런 문제도 우리가 세상에 복음을 전하는 것과 깊은 관련이 있습니다. 이런 문제가 전도해야 하는 우리에게 당면한 문제입니다. 여기에 대해서는 '현대문화 속의 영적 전쟁'에서 좀더 자세하게 다루고 있습니다.

현대문화 속의 영적 전쟁

우리가 사는 사회와 교회 안에서 받는 도전들에 대한 반응으로서 본장에서는 영적 전쟁을 살펴보겠습니다.

도전에 대한 반응으로서 기도

우리가 세상에 복음을 전해야 하는 임무를 가지고 있다면, 우리가 첫째 해야 할 것은 그리스도의 능력이 우리 안과 바깥에서 역사할 수 있도록 구하는 것입니다. 마태복음 28:19, 20에서 주님이 제자들에게 주신 지상명령을 보면,

"그러므로 너희는 가서 모든 족속으로 제자를 삼아 아버지와 아들과 성령의 이름으로 세례를 주고 내가 너희에게 분부한 모든 것을 가르쳐 지키게 하라 볼지어다 내가 세상 끝날까지 너희와 항상 함께 있으리라 하시니라"는 말씀이 있습니다.

영적 전쟁을 위해 기도할 때 예수님이 함께 하신다는 것을 기억해야 합니다. 우리가 세상에 복음을 전하는 것을 생각할 때 우리

들이 세상에 대한 제사장이라는 것을 기억해야 할 것입니다.

창세기 18장을 보면 아브라함이 그러한 제사장임을 알 수 있습니다. 아브라함은 하나님에게 악한 소돔을 위해서 중보기도를 하고 있습니다. 그것이 바로 우리가 할 일입니다. 우리가 살고 있는 도시들도 소돔과 같기 때문입니다. 우리가 매주일 교회에서 같이 기도할 때에도 빠뜨리지 말아야 할 것은 아브라함과 같이 세상을 위해 중보기도하는 것입니다.

그러나 우리는 아브라함보다는 요나에 가깝지 않습니까? 하나님께서 요나를 악한 도시 니느웨로 보냈습니다. 니느웨가 이스라엘에게는 적의 도시였습니다. 그래서 하나님께서 하신 말씀에 대해서 요나는 기분이 좋지 않았습니다. 그런데 요나가 복음을 전하고 회개를 촉구했을 때 그들은 회개했습니다. 그들이 회개를 할 때에 요나가 오히려 화를 냈습니다. 요나 3:10~4:4을 보십시오.

"하나님이 그들의 행한 것 곧 그 악한 길에서 돌이켜 떠난 것을 감찰하시고 뜻을 돌이키사 그들에게 내리리라 말씀하신 재앙을 내리지 아니하시니라 요나가 심히 싫어하고 노하여 여호와께 기도하여 가로되 여호와여 내가 고국에 있을 때에 이러하겠다고 말씀하지 아니하였나이까 그러므로 내가 빨리 다시스로 도망하였사오니 주께서는 은혜로우시며 자비로우시며 노하기를 더디하시며 인애가 크시사 뜻을 돌이켜 재앙을 내리지 아니하시는 하나님이신 줄을 내가 알았음이니이다 여호와여 원컨대 이제 내 생명을 취하소서 사는 것보다 죽는 것이 내게 나음이니이다 여호와께서 이르시되 너의 성냄이 어찌 합당하냐 하시니라."

하나님은 요나에게 네게 화낼 권리가 있느냐고 묻고 있습니다. 수많은 사람들이 회개하고 돌이키는 니느웨에 내가 자비를 베푸는 것이 마땅하지 않느냐고 말씀하시는 하나님을 우리는 믿고 있습니다. 그분은 죽어가는 사람들에게 자비를 베푸시는 분입니다. 그래서 하나님은 우리도 죽어가는 도시를 위해 자비와 긍휼을 가지기를 원하십니다.

구약을 보면, 이런 대제사장적인 역할은 하나님께서 이스라엘 백성 전체에게 주셨습니다. 하나님은 이스라엘을 부르셔서 전세계의 대제사장이 되라고 하셨습니다. 시편 67편을 보면, 바로 하나님께서 이스라엘을 그렇게 부르셨다는 것을 알 수 있습니다.

"하나님은 우리를 긍휼히 여기사 복을 주시고 그 얼굴빛으로 우리에게 비취사(셀라) 주의 도를 땅 위에, 주의 구원을 만방 중에 알리소서 하나님이여 민족들로 주를 찬송케 하시며 모든 민족으로 주를 찬송케 하소서 열방은 기쁘고 즐겁게 노래할지니 주는 민족들을 공평히 판단하시며 땅 위에 열방을 치리하실 것임이니이다(셀라) 하나님이여 민족들로 주를 찬송케 하시며 모든 민족으로 주를 찬송케 하소서 땅이 그 소산을 내었도다 하나님 곧 우리 하나님이 우리에게 복을 주시리로다 하나님이 우리에게 복을 주시리니 땅의 모든 끝이 하나님을 경외하리로다."

이 시편에 '이스라엘 백성은 세상을 위한 대제사장이라'는 제목을 붙일 수 있습니다. "하나님은 우리를 긍휼히 여기사 복을 주시고 그 얼굴빛으로 우리에게 비취사(셀라)." 1절은 아론의 축도에서 인용한 말씀입니다. 이는 하나님께서 제사장을 통해서 백성에게 주는 축복입니다. 2절 "주의 도를 땅 위에, 주의 구원을 만방 중에 알리소서"는 하나님께서 이스라엘 백성에게 축복을 주시는 것은 만방에 축복을 주시기 위함입니다. 이것이 바로 하나님이 이스라엘을 부르신 목적입니다. 아브라함이 처음에 부르심을 받을 때, 그 부르심의 목적은 만방의 축복의 근원이 되게 하시기 위함이었습니다.

계속해서 3-5절은 이렇습니다.

"하나님이여 민족들로 주를 찬송케 하시며 모든 민족으로 주를 찬송케 하소서 열방은 기쁘고 즐겁게 노래할지니 주는 민족들을 공평히 판단하시며 땅 위에 열방을 치리하실 것임이니이다(셀라) 하나님이여 민족들로 주를 찬송케 하시며 모든 민족으로 주를 찬송케 하소서.”

이 구절은 만방이 하나님께 속한 것이므로 시편 기자는 모든 민족을 구원해달라고 기도하는 것입니다.

다음은 6, 7절입니다.

“땅이 그 소산을 내었도다 하나님 곧 우리 하나님이 우리에게 복을 주시리로다 하나님이 우리에게 복을 주시리니 땅의 모든 끝이 하나님을 경외하리로다.”

이 말씀의 뜻은 만방이 와서 하나님을 경외하지 않으면, 하나님께서 이스라엘을 축복하지 않겠다는 뜻입니다. 이렇게 표현할 수도 있을 것입니다. 하나님께서 우리에게 주시는 축복은 우리가 세상에 해야 하는 일에 비례한다고 할 수 있습니다. 이것은, 곧 우리가 받는 축복은 세상에서 얼마나 많은 일을 하느냐에 달려 있다는 것입니다. 구약시대에 이스라엘의 임무와 마찬가지로 현대교회의 임무가 바로 이러한 것입니다. 베드로전서 2장을 보면 믿는 사람들의 임무가 세상에 있다는 것을 알 수 있습니다.

디모데전서 2:1, 2을 보면

“그러므로 내가 첫째로 권하노니 모든 사람을 위하여 간구와 기도와 도고와 감사를 하되 임금들과 높은 지위에 있는 모든 사람을 위하여 하라 이는 우리가 모든 경건과 단정한 중에 고요하고 평안한 생활을 하려 함이니라”는 말씀이 있습니다.

사도 바울은 세상을 위해서 간구하는 것이 우리 교회에 주어진 세상을 위한 첫번째 일이라는 것입니다. 많은 교회들이 성경을 충실하게 붙잡고 있다고 자랑하고 있습니다. 그러나 많은 교회를 방문할 때 그 교회들이 나라의 지도자를 위하여, 세상을 위하여 기도하는 것을 들어보지 못합니다. 성경에서는 분명히 믿는 사람들이 세상을 위해 기도하고 제사장역할을 해야 한다고 말합니다. 또 더 나아가서 우리의 원수들을 위해서도 기도해야 하는 것입니다. 누가복음 6:27, 28을 보십시오.

"그러나 너희 듣는 자에게 내가 이르노니 너희 원수를 사랑하며 너희를 미워하는 자를 선대하며 너희를 저주하는 자를 위하여 축복하며 너희를 모욕하는 자를 위하여 기도하라."

로마서에서 사도 바울은 또 이렇게 말합니다. 자신에게 저주하는 자를 축복하라고 믿는 사람들이 안 믿는 사람들을 저주하고 정죄하는 것을 볼 수 있습니다. 예수님께서는 우리를 미워하는 사람들을 저주하지 말고 그들을 위해서 기도하라고 말합니다. 그러면 여기서 우리가 하나님의 제사장으로서 어떤 기도를 해야 하는지를 살펴보겠습니다.

1. 심판의 중지를 위한 기도

우리가 사는 도시의 사람들은 하나님의 심판을 받을 사람들입니다. 우리는 그것을 사실로 인정하고 하나님의 긍휼을 바라는 기도를 해야 합니다. 마치 아브라함이 소돔을 위해 기도한 것처럼, 모세가 마음이 강퍅한 이스라엘 백성을 위해 기도한 것처럼 말입니다. 하나님께서 이스라엘 백성을 심판하시려고 할 때, 모세가 중보기도한 것을 볼 수 있습니다. 출애굽기 32:32에 보면,

"그러나 합의하시면 이제 그들의 죄를 사하시옵소서 그렇지 않사오면 원컨대 주의 기록하신 책에서 내 이름을 지워버려 주옵소서"라고 했습니다.

사도 바울도 동족 이스라엘을 위해 같은 기도를 합니다.

"내가 그리스도 안에서 참말을 하고 거짓말을 아니하노라 내게 큰 근심이 있는 것과 마음에 그치지 않는 고통이 있는 것을 내 양

심이 성령 안에서 나로 더불어 증거하노니 나의 형제 곧 골육의 친척을 위하여 내 자신이 저주를 받아 그리스도에게서 끊어질지라도 원하는 바로라"(롬 9:1-3).

주위의 믿지 않는 사람들을 위해 간구해야 하는 것, 이것이 바로 믿는 사람의 태도이어야 합니다. 이것이 바로 그리스도께서 우리를 위해 하신 일입니다. 그리스도께서 우리를 위해 저주를 받았습니다. 십자가에서 죽어가면서도 저들을 용서해 달라고 합니다. 이처럼 우리가 기도해야 할 내용은 그들을 용서하시고 자비를 베풀어 달라는 것입니다.

2. 복음을 증거하는 자들을 위한 기도

복음을 증거하는 자들을 위해서는 우선, 그들의 마음속에 성령이 역사하도록 기도해야 합니다. 요한복음 16:9-11을 보면 예수께서 성령을 보내셔서 죄와 심판과 의로 그들을 정죄해 달라고 합니다.

"죄에 대하여라 함은 저희가 나를 믿지 아니함이요 의에 대하여라 함은 내가 아버지께로 가니 너희가 다시 나를 보지 못함이요 심판에 대하여라 함은 이 세상 임금이 심판을 받았음이니라."

성령은 믿는 자들의 변호사이기도 하고 세상을 고발하는 검사이기도 합니다. 그래서 우리가 복음을 전하려는 대상의 마음에 성령이 고발하시기를 기도해야 하며 그래서 그들이 죄인임을 인정하고 부끄러워하게 해달라고 기도해야 합니다.

3. 우상을 숭배하는 자들을 위한 기도

우리는 우상을 버리도록 기도해야 합니다. 포스트모더니즘의 결과 중 하나로 사람들은 우상으로 몰려갑니다. 우리는 직장, 돈, 섹스와 같은 우상을 따라다닙니다. 우상에 대해서는 이사야

40~49장에 상세히 나와 있습니다. 거기서 이사야는 우상이 어떻게 작용하는가를 설명하고 있습니다. 이사야서에서는 우리도 가끔 우리보다 가치가 없는 것까지 숭배하려는 이유를 말합니다. 그것은 하나님을 무서운 주인으로만 생각하기 때문이라는 것입니다.

사람들이 숭배하는 우상의 매력은 우리가 마음대로 우상을 고를 수 있다는 것입니다. 이사야 44장을 보면, 사람들이 우상을 만들 때 얼마나 정성들여 만드는가에 대해 잘 나와 있습니다. 사람은 나무를 자르고 조각해서 금과 은, 귀한 보석들로 장식을 합니다. 우상을 잘 만들어 놓고는 자기의 마음을 열고 마음을 쏟아 붓습니다. 그것이 바로 자신이 선택하고 소유하고 있는 우상이라고 생각합니다.

우리가 그렇게 정성들여 만들고 숭배하는 우상이 무엇일까를 생각해 보십시오. 귀하게 구해서 숭배하는 우상이 있습니까? 미국의 예를 들면, 많은 남자들이 자기의 육체를 단련시켜 자랑합니다. 스포츠센터에 가면 아름다운 남자의 육체를 볼 수 있습니다. 운동 기구를 볼 수 있고, 그 앞에 거울이 있고 자랑스럽게 변모할 자신의 몸을 바라보며 열심히 운동하는 모습을 볼 수 있습니다. 그런 것들이 우상이 될 수 있습니다. 자기의 근육이 여기저기 잘 발달되는 것을 보면서 흡족히 여기는 것입니다. 여자도 그와 비슷하게 행동할 수 있습니다.

또 일이 우상이 될 수 있습니다. 온몸을 바쳐 직장에 헌신하는 것입니다. 자신이 하는 일에 대해, 경영하는 회사에 대해서 자랑합니다. 이것이 바로 우상의 매력입니다. 자신의 선택과 능력에 대해서만 신뢰하고 흡족해 하는 것, 이것이 바로 우상을 섬기고 우상의 주인이 되는 것입니다.

그리고 우상숭배는 이렇게 작용합니다. 우상은 우리에게 더 많은 요구를 합니다. 모든 인생의 목표가 직장에 있을 때에는 직장

일에 전심전력을 다합니다. 그래서 우상은 우리에게 희생제물을 바치라고 합니다. 많은 사람들이 일이라는 우상 앞에 가정과 아이들을 제물로 바칩니다. 어떤 사람은 윤리관이나 도덕을 다 버리기도 합니다.

돈도 이러한 작용을 합니다. 돈이 우리를 통제합니다. 돈에 미친 사람은 친구는 물론이고 심지어 가정까지도 멀리합니다. 그래서 우상을 섬기는 사람은 우상의 종이 되고 맙니다. 그렇게 되면 우리 자신을 완전히 잃어버리게 되는 것입니다. 시편 115:4-8이 바로 이런 상황을 잘 설명해주고 있습니다.

"저희 우상은 은과 금이요 사람의 수공물이라 입이 있어도 말하지 못하며 눈이 있어도 보지 못하며 귀가 있어도 듣지 못하며 코가 있어도 맡지 못하며 손이 있어도 만지지 못하며 발이 있어도 걷지 못하며 목구멍으로 소리도 못하느니라 우상을 만드는 자와 그것을 의지하는 자가 다 그와 같으리로다."

우상숭배의 결과를 잘 표현하고 있습니다. 바로 하나님을 섬기는 것과 우상을 섬기는 것을 대조하고 있습니다.

우상은 우리에게 아무런 일을 할 수 없습니다. 그래서 8절에 보면 우상을 만드는 자는 우상 같이 되어 버린다고 말씀하십니다. 우상을 섬기는 자는 우상과 같이 되어 우상의 정체성을 가지게 됩니다.

찰스 디킨스의 〈크리스마스 캐럴〉이라는 영화를 보셨습니까? 스크루지는 작품 안에서 돈의 노예가 됩니다. 그를 생각할 때 사람이 연상되는 것이 아니라 돈이 연상됩니다. 그래서 그의 모든 인간성을 파괴합니다. 이것이 우상숭배가 작용하는 방법입니다.

우상숭배는 인간성을 상실하게 합니다. 우리가 섬기는 대상과 똑같이 되어 버린다는 것이 우상숭배의 결과입니다. 우리가 어떤 사람들에게 이런 말을 합니다. "그 사람은 돈밖에 몰라", "그 여자는 자기밖에 몰라", "그 사람 생각하면 섹스밖에 생각나는 게 없어"등등. 따라서 우리는 우상을 섬기는 사람을 위해서 기도해야 합니다. 그래서 그를 속박하는 우상숭배로부터 해방시켜 달라고 기도해야 합니다. 그들이 우상의 노예가 되어 있다면, 우리 힘으로는 그들을 해방시킬 수 없습니다. 시편 107:1-9을 보면, 그런 속박에서 풀려난 사람을 잘 말해주고 있습니다.

"여호와께 감사하라 그는 선하시며 그 인자하심이 영원함이로다 여호와께 구속함을 받은 자는 이같이 말할지어다 여호와께서 대적의 손에서 저희를 구속하사 동서 남북 각 지방에서부터 모으셨도다 저희가 광야 사막길에서 방황하며 거할 성을 찾지 못하고 주리고 목마름으로 그 영혼이 속에서 피곤하였도다 이에 저희가 그 근심 중에 여호와께 부르짖으매 그 고통에서 건지시고 또 바른 길로 인도하사 거할 성에 이르게 하셨도다 여호와의 인자하심과 인생에게 행하신 기이한 일을 인하여 그를 찬송할지로다 저가 사모하는 영혼을 만족케 하시며 주린 영혼에게 좋은 것으로 채워주심이로다."

바로 이와 같은 상태에 이르도록 우상숭배하는 사람들을 위해서 기도해야 하는 것입니다. 그리고 잘못된 사상에 말려들어가 있는 사람들을 위해서도 기도해야 합니다. 거짓종교나 이단교리에 빠진 사람들을 위해서도 마찬가지입니다.

바울은 이렇게 말합니다. 믿지 않는 사람들은 진리를 알 만한 분별력이 없어서 보지 못한 채 장님이 되었다고.

"그중에 이 세상 신이 믿지 아니하는 자들의 마음을 혼미케 하여 그리스도의 영광의 복음의 광채가 비취지 못하게 함이니 그리스도는 하나님의 형상이니라"(고후 4:4).

디모데후서 2:26에서는 또 이렇게 말합니다.

"저희로 깨어 마귀의 올무에서 벗어나 하나님께 사로잡힌 바 되어 그 뜻을 좇게 하실까 함이라."

마귀에게 사로잡힌 사람은 마귀의 뜻에 따라서 살게 되어 있습니다. 그래서 이런 사람들이 마귀의 속박에서 풀려나도록 그리고 이런 잘못된 생각에 사로잡혀 있는 사람들이 진리를 분별할 수 있도록 기도해야 합니다. 우리가 어떤 사람들과 대화를 할 때 흔히 그가 거짓지식을 가지고 있는 것을 발견하게 되는 일이 있습니다. 우리는 하나님의 생각과 다르게 말하는 사람들의 해방을 위해 하나님께 긍휼을 구하는 기도를 해야 합니다.

4. 정령숭배자들을 위한 기도

정령을 숭배하는 자들이 거기에서 풀려날 수 있도록 기도해야 합니다. 한국에서와 마찬가지로 미국에서도 뉴에이지의 영향으로 잡신들, 정령을 숭배하는 사람들이 많이 있는데 그들을 위해 기도해야 한다는 것입니다.

바울은 고린도전서 10장에서, 우상이라는 것은 아무것도 아니다. 우상숭배를 위해 바쳐진 제물에 아무것도 없다고 말합니다. 그런데 미국에서 정령을 섬기는 사람들을 보면, 점점 더 마귀에게 압박당하는 것을 볼 수 있습니다.

2년 전에 저에게 이런 일이 있었습니다. 펜실베이니아에서 할 '영적 전쟁'이라는 강의를 위해서 준비하고 기도할 때, 강의를 들을 사람 중에 뉴에이지나 정령을 섬기는 사람이 있는 것을 알고 있었습니다. 강의 전날 집으로 돌아오는 중에 인간적으로는 해명하기 힘든 차사고가 있었습니다. 제 차가 두 번 뒹굴어서 낭떠러지에 떨어졌습니다. 그래서 반대방향에서 오고 있는 많은 차들 사이에 떨어졌습니다. 그 계곡이 너무 깊었기 때문에 많은 사람들이 손으로 체인을 만들어서 저희를 끌어올렸습니다. 참으로 놀라운 것은, 저나 가족들 하물며 차까지 하나도 다치지 않았습니다. 나

중에 차를 견인하러 온 사람들은 하늘이 도왔다고 하였습니다. 저
는 그때 얼마나 두려웠는지 모릅니다.

그 사건 때문에 강의실에 늦게 도착하였습니다. 저는 강의가 마
귀의 방해를 받고 있으며 강의를 듣는 사람 중에 마귀를 섬기는
자가 있다고 말했습니다. 그렇게 강의가 시작된 후 어떤 여자가
자신은 마귀에게 사로잡혔고 그날 복음을 처음 들었다고 이야기하
였습니다. 우리는 많은 대화를 나누었고 라브리를 소개했습니다.
그 여자는 결국 마귀에게 사로잡힌 것으로 판명되었습니다. 주님
께서 그 여자를 마귀의 속박에서 구원하여 주셨습니다. 지금은 신
앙생활을 잘하고 있습니다. 그래서 우리가 언제든지 이방종교들을
대할 때, 마귀의 힘이 있다는 것을 알아야 합니다. 베드로는 사
람들을 삼키려고 우는 사자와 같이 다닌다고 하였습니다.

"근신하라 깨어라 너희 대적 마귀가 우는 사자 같이 두루 다니
며 삼킬 자를 찾나니"(벧전 5:8).

바로 이런 마귀의 힘이 있기 때문에 우리는 복음을 전하려는 사
람을 위해서 기도해야 합니다.

5. 우리 자신을 위한 기도

그리고 우리 자신을 위해서 기도해야 합니다. 우리가 한 주인을
섬긴다는 것을 확인해야 합니다. 그래서 하나님께서 우리 마음에
어떤 우상이 있는가를 폭로시켜 주시기를 기도해야 합니다. 주님
께서 우리는 한 주인밖에 섬길 수 없다고 말씀하셨습니다. 그래서
우리가 주님만을 사랑하는 사람이 되도록 기도해야 합니다.

그 다음에 필요한 일은 왜 우리가 기도를 그렇게 하지 못하는가
에 대한 질문입니다. 다른 사람을 위한 기도만큼 우리 자신을 위
해 기도하는 것 또한 중요합니다.

그 이유는 두 가지인데, 첫째로 우리는 물질문명의 사회에 살기

때문입니다. 우리가 사는 이 사회에서는 우리가 필요로 하는 모든 것들을 스스로 해결할 수 있다고 생각하기 때문입니다. 또한 모든 생활을 스스로 조정할 수 있다고 생각합니다. 실제적인 이유는 우리가 다른 사람을 위해 사는 삶에 익숙하지 못하다는 데에 있습니다. 우리 자신만 생각하며 이기적으로 살게 됩니다. 그렇게 편안하게 살기 때문에 우리는 아무런 문제의식도 느끼지 못합니다.

그러나 다른 사람과 접촉하고 다른 사람과 연관된 문제로 발전하게 될 때, 우리 자신이 부족하다고 느끼게 됩니다. 다른 사람과 관계가 이루어지면서 이제까지 우리에게 나타나지 않았던 죄가 폭로됩니다. 그래서 루소는 결혼이 우리 성격의 학교라고 하였습니다. 결혼해서 가깝게 살면서 자신이 얼마나 이기적인가를 깨닫게 됩니다. 우리가 사랑하는 아내와 함께 살면서도 우리의 이기적인 속성을 느끼게 되는데, 우리의 도움을 필요로 하는 사람들과 살 때는 더더욱 우리의 죄가 드러납니다. 그래서 기도를 더 많이 하시려는 동기를 얻으려면 인생이 엉망이 된 사람들을 도와주려고 해보십시오.

둘째로 문이 열리기를 기도해야 합니다. 바울이 바로 이러한 기도를 하였습니다. 하나님께서 여러분이 갈 길을 열어주기를 간구하였습니다. 만일 하나님께서 여러분으로 하여금 사람들에게 복음을 전할 임무를 주셨다고 생각한다면, 우리가 생각해야 할 것은 이런 것입니다. 여러분이 사랑하고, 교제해야 하는 사람들을 위해서 마음을 열고 도와줄 용의가 있는가를 먼저 질문해야 합니다. 하나님께서는 우리를 세상에서 고립된 생활을 하라고 부른 것이 아닙니다. 그래서 아직 다른 사람을 도와줄 용의를 가지고 있지 않다면, 소그룹으로 믿지 않는 사람들과 함께 하는 삶을 시작하십시오.

우리는 믿는 사람들과의 교제를 더 좋아합니다. 그러나 하나님께서 우리를 부르신 것은 아직 믿지 않는 사람과 관계를 맺게 하시기 위함이라는 것입니다. 그래서 여러분에게 권합니다. 여러분 주위에 있는 소수의 믿지 않는 사람들의 이름을 적어 놓으시고 기도를 시작하십시오. 그리고 하나님께 용기를 달라고 구해야 합니다. 사도 바울도 복음을 담대하게 전할 수 있게 해달라고 기도했습니다.

"또 나를 위하여 구할 것은 내게 말씀을 주사 나로 입을 벌려 복음의 비밀을 담대히 알리게 하옵소서 할 것이니"(엡 6:19).

다음에 말씀을 전하고자 하는 사람과 대화할 때에 분명하게 말할 수 있도록 기도해야 합니다. 골로새서 4:3, 4을 보십시오

"또한 우리를 위하여 기도하되 하나님이 전도할 문을 우리에게 열어 주사 그리스도의 비밀을 말하게 하시기를 구하라 내가 이것을 인하여 매임을 당하였노라 그리하면 내가 마땅히 할 말로써 이 비밀을 나타내리라."

바울은 자신이 분명한 어조로 말할 수 있게 해달라고 기도합니다.

마지막으로 하나님께서 하늘나라를 세우도록 기도해야 합니다. 하나님께서 하늘나라를 세우실 때 하나님은 우리를 기쁘게 사용하십니다. 여기서 쉐퍼 박사께서 라브리를 세운 정신에 대해서 말씀 드리겠습니다.

쉐퍼 박사는 두 가지 그룹으로 구별혔습니다. 하나님께서 하나님나라를 세우기 위해서 일꾼으로 부른 사람들과 하나님의 나라를 위해서 기도하는 그룹으로 나누었습니다. 첫째 그룹은 하나님께서 자신을 사용하셔서 하나님나라를 세우겠다고 확신하는 사람들이고 바로 이것은 우리 인간으로부터 시작해서 내가 하나님을 위해서 무엇인가 할 수 있다고 볼 수 있는데, 그런 것은 교만한 생각입니다.

둘째 그룹의 사람들은 하나님만이 나라를 세울 수 있고 구원할 수 있다고 생각하고 기도하는 사람들입니다. 아마 이 문제 중, 첫째 그룹의 문제가 오늘날 복음주의의 문제가 아닌가 생각합니다. 많은 교회에서는, 특히 교회지도자들은 자기들이 하나님나라를 위해서 하나님나라를 세우고 있다고 믿고 있습니다. 그렇게 생각하고 교회에서 일하면, 자기 자신들을 위해서 하나의 제국을 세우는 결과밖에 되지 않습니다. 그렇게 생각하고 일을 하게 되면 나중에 이루어질 많은 일들을 보지 못하게 됩니다. 이것이 미국에서 성행하고 있는 텔레비전 부흥사의 문제입니다. 돈이나 섹스 스캔들 문제도 문제지만, 그들이 자기를 위해서 왕국을 세우는 것이 더 심각한 문제입니다.

베이커라는 부흥사는 처음에는 〈주님을 찬양〉이라는 제목으로 텔레비전 전도를 시작하였다가 나중에는 〈사랑하는 사람들〉('하나님 위해서 일한다'는 뜻입니다)이라는 제목으로, 그 다음에는 자기와 자기 아내의 이름을 붙여 진행하였습니다. 그러다 결국은 자기 왕국을 세우려는 욕심이 섹스, 돈 스캔들을 불러일으켰습니다. 그래서 여러분이 목회를 하든지, 선교단체에서 사역하든지, 평신도이든지 모두가 이런 것을 조심하며 사역해야 할 것입니다. 하나님께서는 교만한 자를 물리치시고 겸손한 자를 세우신다고 하였습니다.

도시 속의 빛과 소금

예레미야 29장 1절은 예레미야가 바벨론에 포로로 잡혀간 백성에 대해 쓴 글입니다.

"선지자 예레미야가 예루살렘에서 이같은 편지를 느부갓네살이 예루살렘에서 바벨론으로 옮겨간 포로 중 남아 있는 장로들과 제사장들과 선지자들과 모든 백성에게 보내었는데."

다음은 4-7절 말씀입니다.

"만군의 여호와 이스라엘의 하나님 내가 예루살렘에서 바벨론으로 사로잡혀 가게 한 모든 포로에게 이같이 이르노라 너희는 집을 짓고 거기 거하며 전원을 만들고 그 열매를 먹으라 아내를 취하여 자녀를 생산하며 너희 아들로 아내를 취하며 너희 딸로 남편을 맞아 그들로 자녀를 생산케 하여 너희로 거기서 번성하고 쇠잔하지 않게 하라 너희는 내가 사로잡혀 가게 한 그 성읍의 평안하기를 힘쓰고 위하여 여호와께 기도하라 이는 그 성이 평안함으로 너희도 평안할 것임이니라."

다음은 마태복음 5:13-16입니다.

"너희는 세상의 소금이니 소금이 만일 그 맛을 잃으면 무엇으로 짜게 하리요 후에는 아무 쓸데없어 다만 밖에 버리워 사람에게 밟힐 뿐이니라 너희는 세상의 빛이라 산 위에 있는 동네가 숨기우지 못할 것이요 사람이 등불을 켜서 말 아래 두지 아니하고 등경 위에 두나니 이러므로 집안 모든 사람에게 비취느니라 이같이 너희 빛을 사람 앞에 비취게 하여 저희로 너희 착한 행실을 보고 하늘에 계신 너희 아버지께 영광을 돌리게 하라."

도시화에서 오는 삶의 문제

서론으로 도시가 우리에게 주는 도전을 살펴보려고 합니다. 서울은 현재 세계에서 몇 손가락 안에 꼽히는 도시인데, 위성도시와 합쳐서 인구가 1,800만 명이나 되는 것으로 알고 있습니다. 지난 몇 년 동안 우리 앞에 큰 도시들이 등장하는 것을 보게 됩니다. 그래서 전 인구의 반이 대도시에 집중적으로 몰려 있습니다. 2,30년 후에는 더 많은 사람들이 도시에서 살게 될 것입니다. 그러면 도시화의 문제점들을 어떤 것이 있겠습니까?

첫번째는 실업문제입니다. 서울과 같은 지역에 많은 산업시설이 있지만 기계화됨으로써 실업자가 늘어날 수밖에 없습니다. 미래로 갈수록 기계화·전산화되면서 실업인구가 늘어날 것입니다. 산업시설이 없어지면서 점점 서비스 체계로 바뀌어가는 것을 보게 됩니다. 그것이 의미하는 바는 실업이 증가하고 소득이 많이 발생하지 않는 서비스업이 발전한다는 것입니다.

두번째는 도시가 젊은이와 어린아이로 채워진다는 것입니다. 서울과 같은 대도시에 젊은이들이 유입되고 높은 인구증가율을 보입니다. 예를 들면, 시카고 같은 도시에는 50%가 30세 미만입니다. 멕시코는 50% 이상이 14세 이하입니다. 그렇게 큰 도시들이 젊은이들과 어린이들로 채워지고 있습니다.

세번째는 도시가 환경오염으로 가득하게 됩니다. 도시의 공해가 증가됨으로써 온도가 올라가기도 합니다. 또 차들로 인해 공해가 증가되고 있습니다. 이러한 공해가 신체뿐 아니라 정신적인 면에도 악영향을 미칩니다. 특히 어린이에게.

네번째는 도시 안에 많은 사람들이 들어옴으로 의사소통이 저하되고 자기를 보호하기 위해 이웃을 생각하지 않는다는 것입니다. 사람들이 너무 많아지니까 오히려 서로 이야기하지 않는다는 것입니다. 개인의 사생활을 증가시키기 위하여 만날 기회들을 차단하는 것입니다. 결국 이것이 가져오는 결과로 의사소통의 단절과 공동체의 파괴를 경험하게 될 것입니다.

다섯번째로 빈곤과 주택의 문제가 대두됩니다. 시카고의 경우에도 마찬가지인데 만 명의 어린아이들이 집 없이 거리를 방황합니다. 특히 남미의 멕시코나 리우데자네이루 같은 경우 이 숫자는 어마어마합니다. 인도의 경우 봄베이에서 45%의 인구가 거리에서 자고 있습니다. 2000년대가 되면 봄베이는 75%가 거리로 나가야 할 상황입니다. 그래서 도시 안에 있는 교회 공동체는 그들을 위해 무엇인가 해야 한다는 과제와 사명 앞에 서 있는 것입니다.

여섯번째로 도시가 점점 커지므로 언어와 다양한 종족이 살게 됩니다. 이러한 다인종사회가 도시에서 형성됨으로 종족간에 긴장이 발생하고 의사소통을 방해하게 됩니다. 언어와 삶이 다르기 때문입니다. 다인종 사회에서 발생하는 문제들 또한 다양한 사람들이 사는 도시에서 교회가 무엇을 할 것인가를 논의해 갈 때 깊이 고려되어야 할 문제들입니다.

일곱번째로 정체성의 변화를 말할 수 있습니다. 동양적인 사고를 가진 사람들의 정체성은 가족 혹은 공동체적인 정체성을 가지고 있습니다. 그러나 시골에서 살아오면서 형성되었던 정체성은 도시에 나와 살면서 흔들리게 됩니다. 우리가 이미 앞서 노동의 우상에 대해 이야기했는데 여기에서도 정체성의 변화를 겪게 됩니다. 그래서 일 자체가 우상이 되어 버리고 일을 위해서 많은 시간을 투자해야 합니다. 그렇게 됨으로써 가족이나 공동체에 대한 관계가 멀어지는 현상이 나타나는 것입니다. 또 그것이 도시생활에서 무엇이든 빨리, 많이 성취해야 한다는 생각을 가지게 합니다. 그래서 스트레스를 받습니다. 우리의 삶이 도시의 소음, 복잡함, 스트레스 때문에 이런 정체성의 변화가 더욱 커집니다.

여러분은 구조화된 도시에서 살고 있습니다. 모든 것이 정확하게 처리되어야 합니다. 이런 것들이 우리에게 많은 심리적이고 정신적인 스트레스를 가져다 줍니다.

여덟번째로 도시의 삶이 비인격적으로 변해서 가까이 살면서도 외로움을 느끼게 됩니다. 많은 사람들이 우정을 느끼지 못합니다. 자유로운 만남이 허용된 대학교에서도 많은 학생이 오가고 있지만 친구를 가진 사람은 별로 없습니다. 지방에서 올라온 학생들이 가족공동체를 떠나서 도시에서 많은 사람 속에 있으면서도 친구없이 외롭게 지냅니다. 다른 언어권에서 온 사람은 더더욱 그러합니다. 이것 또한 도시 안에 있는 교회가 외로움을 느끼는 사람들과 가치관·인격형성기에 있는 학생들을 위해 무엇을 할 것인가에 도전을 던져 줍니다.

아홉번째는 도시의 복잡성과 다양성 때문에 의식들이 급속히 변화되고 새롭게 형성된다는 것입니다. 어떤 사람이 이미 건강하고 분명한 세계관을 갖고 있다 할지라도, 도시에 들어옴으로써 그 세계관이 바뀌는 것을 경험합니다. 새로운 사람을 만나 당황하게 되고, 익숙치 않은 미디어를 접함으로 정체성에 변화가 일어납니다. 또 다른 종교를 가지고 있는 사람을 만남으로써 정체성에 변화가 생깁니다. 그리고 상대화됩니다. 도시의 다양한 문화를 접함으로 그 속에서 요동하지 않을 것인가, 도시화될 것인가 하는 문제가 발생합니다. 또한 그러한 상황이 도시에 새로운 기독교를 제공하는 공간으로 만들기도 합니다. 이것이 바울이 도시에 가서 전도를 하였던 중요한 이유입니다.

바울은 에베소에서 3년을 지냈습니다. 그가 에베소 지역에 머물게 됨으로써 사실 전지역에 복음이 선포되는 결과를 낳았습니다. 왜냐하면 도시에서 새로운 것을 경험하그 체득해서 지방으로 가져갔기 때문입니다. 그 결과로 바울이 한번도 가보지 못한 지역에서 교회가 생기게 되었던 것입니다. 여기서 우리는 도시에서 우리가 무엇을 할 수 있는가에 대한 도전을 받을 수 있을 것입니다.

빛과 소금의 삶을 위해 주신 하나님의 원리

우리가 빛과 소금이 되기 위한 하나님의 원리가 무엇인지를 아주 근본적인 것부터 살펴보겠습니다.

1. 하나님을 사랑해야 하는 인간

마태복음 6:19-24입니다.

"너희를 위하여 보물을 땅에 쌓아 두지 말라 거기는 좀과 동록이 해하며 도적이 구멍을 뚫고 도적질하느니라 오직 너희를 위하여 보물을 하늘에 쌓아 두라 거기는 좀이나 동록이 해하지 못하며 도적이 구멍을 뚫지도 못하고 도적질도 못하느니라 네 보물 있는 그곳에는 네 마음도 있느니라 눈은 몸의 등불이니 그러므로 네 눈이 성하면 온몸이 밝을 것이요 눈이 나쁘면 온몸이 어두울 것이니 그러므로 네게 있는 빛이 어두우면 그 어두움이 얼마나 하겠느뇨 한 사람이 두 주인을 섬기지 못할 것이니 혹 이를 미워하며 저를 사랑하거나 혹 이를 중히 여기며 저를 경히 여김이라 너희가 하나님과 재물을 겸하여 섬기지 못하느니라."

우리는 어디에 재물을 쌓고 있는지 스스로에게 질문하여야 합니다. 우리가 도시 안에 살면서 쉽게 빠질 수 있는 올무가 바로 재물입니다. 물론 우리 중의 누구도 "나는 돈만 섬기겠습니다"라고 말하지는 않습니다. 그렇지만 대부분 "예수님도 섬기고 돈도 섬기지요"라고 말할 것입니다. 그러나 예수님은 그것이 합당지 않다고 하십니다. 이제, 재물에 관해 두 가지를 살펴보겠습니다.

첫번째, 우리의 가장 기본적인 물질에 대한 욕구가 충족된 이후에 는 돈이 많다고 해서 행복이 증가되지는 않는다는 것입니다. 우리는 광고의 유혹에 쉽게 넘어갑니다. 우리는 돈으로 어떤 물건을 사면 더 행복해질 것이라는 속임에 넘어가기 쉽습니다. 분명한 것은 수입과 행복의 상관관계는 제로라는 것입니다.

영국의 대처 정부에서 경제를 활성화시키겠다는 것이 첫째 목표였습니다. 그래서 대처 정부가 들어서고 얼마 후에 국민들의 경제생활이 증가되었는가를 조사했습니다. 사람들은 경제가 증가되었지만 행복이 증가된 것은 아니라고 하였습니다. 그러므로 재물이 늘어나면 행복이 증가할 것이라는 주장은 거짓말입니다.

두번째는 이웃에게 자비를 베푸는 것은 우리의 수입과 관계가 없다는 것입니다. 돈을 많이 벌면 더 너그러울 수 있을 것이라고 하지만 실은 그렇지 않습니다. 미국에서 다른 사람을 돈으로 도와주는 여러 가지 형태에 관한 연구가 있었습니다. 조사를 한 결과 수입이 가장 적은 사람들이 수입의 가장 많은 부분을 다른 사람을 돕는 데 썼다고 합니다. 수입이 많아질수록 다른 사람을 위해 쓸 것 같지만 그 반대입니다.

그렇기 때문에 예수님이 하신 경고를 심각하게 받아들여야 합니다. 부자가 하나님의 나라에 들어갈 수 없다는 것입니다. 또 바울이 디모데에 말하는 것처럼 물질이 많아질수록 마음에 고통이 더 많아지는 것입니다. 우리는 하나님만을 사랑해야 합니다.

2. 재물의 노예에서 벗어나기 위한 간구

우리가 실제적으로 하나님께 매달려야 할 문제는 재물의 노예상태에서 벗어나게 해달라는 것입니다. 물질의 덫에 걸릴 가능성이 있기 때문입니다. 우리는 진정 하나님을 경배하고 섬겨야 합니다. 그것은 하나님의 창조에는 목적이 있고 그것이 나에게 있어서는 하나님을 섬기는 것이라고 고백해야 가능합니다. 그리고 자신의 힘으로는 어찌할 수 없는 죄에서 구원하실 수 있는 분은 주님뿐이라고 고백할 수 있어야 합니다. "하나님은 저를 죄의 노예로부터 구원해 주시기 위하여 당신의 아들을 우리에게 보내주셨습니다. 그래서 저에게는 그분의 사랑이 필요합니다. 주님, 당신이 제 삶의 표준입니다. 당신께서 제가 어떻게 살아야 하는지 법칙을 주셨습니다. 하나님의 명령을 인하여 감사를 드립니다. 주님만이 저를 새롭게 하실 수 있는 분입니다. 성령의 능력을 통해서 당신이 저를 새롭게 하시려는 것을 알 수 있습니다. 주님, 저를 새롭게 해 주소서"라고 기도하고 경배해야 합니다.

이렇게 매일 주님 앞에 경배하며 찬양하는 것만이 맘몬의 노예가 되는 것으로부터 피할 수 있도록 합니다. 그렇게 함으로써 자유를 얻고 이웃을 섬길 수 있습니다.

영국에 저와 친한 친구가 있는데, 93세 된 할머니입니다. 그 할머니는 아주 부유한 귀족가문 출신입니다. 예수를 믿게 된 것은 부모가 죽고 난 후, 그녀가 25세 정도 되었을 때였습니다. 많은 재산을 물려받았습니다. 그래서 기도하기를 "하나님, 제가 이 재산을 올바로 쓸 수 있도록 지혜를 주십시오. 하나님이 저를 다스리지 않으면, 이 돈이 저를 다스릴지 모릅니다." 그래서 그녀는 드물게도 돈이 많아서 고민하다가 예수를 믿게 된 여자입니다. 그

많은 돈으로 주님과 돈 없는 자를 섬기는 삶을 살았습니다. 조그만 집에서 검소하게 살면서 없는 자에게 돈을 주었습니다.

많은 재산을 가지고 하나님을 섬길 수는 있지만 그것이 쉬운 일은 아닙니다. 자기 정도의 믿음으로 그것을 충분히 할 수 있다는 바로 그 생각이 여러분을 돈의 노예가 되게 할 것입니다.

3. 매일 삶 속에서 하나님을 섬김

매일 삶 속에서 하나님을 섬기라는 것입니다. 공부를 하든, 일을 하든 주님을 섬기는 것입니다. 골로새서 3:1, 2과 22절을 보겠습니다.

"그러므로 너희가 그리스도와 함께 다시 살리심을 받았으면 위엣 것을 찾으라 거기는 그리스도께서 하나님 우편에 앉아 계시느니라 위엣 것을 생각하고 땅엣 것을 생각지 말라."

"종들아 모든 일에 육신의 상전들에게 순종하되 사람을 기쁘게 하는 자와 같이 눈가림만 하지 말고 오직 주를 두려워하여 성실한 마음으로 하라."

22절은 1, 2절 말씀을 염두에 두고 이야기하는 것입니다. 우리의 생각을 땅에 있는 것에 두지 말라는 것이 무슨 의미인지를 설명하고 있습니다. 22절은 그 예라 할 수 있습니다. 22절 말씀은 1, 2절 말씀의 적용입니다.

다시 23~25절을 살펴보면,

"무슨 일을 하든지 마음을 다하여 주께 하듯 하고 사람에게 하듯하지 말라 이는 유업의 상을 주께 받을 줄 앎이니 너희는 주 그리스도를 섬기느니라 불의를 행하는 자는 불의의 보응을 받으리니 주는 외모로 사람을 취하심이 없느니라."

바울 사도가 이야기한 것을 정리한다면, 우리가 무엇을 위해 부름을 받았든지 간에 그 부름은 거룩한 것이라는 사실입니다. 무슨 직종에 있든지 주를 섬기듯이 일을 해야 합니다.

저는 대학에서 강의를 하는데 야간강의시간에는 다양한 직업에 종사하는 사람들이 강의를 듣습니다. 제가 제 일을 하는 것이나 그들이 직장에서 일하는 것이나 하나님을 섬기는 것은 같습니다.

오늘날 대부분의 교회에서는 말씀을 가르치는 것만 거룩하다고 잘못된 생각을 가르치고 있습니다. 아마 여러분들이 교회에서 아이들과 그 밖에 초신자들을 가르칠 기회가 있을 것입니다. 무엇을 하든지 하나님을 섬기는 것이라는 사실을 가르쳐야 합니다.

필자의 장인은 캘리포니아에서 과수원을 운영하는 농부입니다. "하나님! 이 밭은 하나님이 주신 것이고 나무도 하나님이 주신 것입니다. 하나님의 영광을 위해 그리고 당신을 경외하기 위해 제가 나무를 가꾸고 열매를 사용하겠습니다. 이 농사 일을 하나님께 드립니다. 주님, 이것을 기쁘게 받아주십시오" 하는 자세를 가지고 땅을 일구고 거름을 주고 약을 뿌립니다. 아주 실질적으로 권면하고 싶은 것은 어떤 일을 하든지 하나님의 것이라는 생각으로 하라는 것입니다.

어떤 집에 들어가면 "이곳은 주님의 집입니다"라고 문구를 붙여 놓은 것을 보는데 일하는 곳에도 그런 문구를 붙이십시오. 그러한 마음을 지녀야 한다는 말입니다. 어떤 일을 하든지 주님을 위해 한다는 생각을 가져야 합니다. 이런 것들이 우리의 실제적인 과제입니다.

본문에서 바울은 사람들이 보든, 안 보든 열심히 일하고 또 성실하게 일하라고 이야기합니다. 또 디도서에서 바울은 이렇게 권면합니다. 사람들은 너희가 일하는 모습 속에서 아름답게 비쳐질 복음을 볼 수 있을 것이라고 합니다. 그렇기 때문에 여러분에게 중요한 사람은 같이 일하는 동료입니다. 직장에서 일할 때, 여러분이 일하는 태도와 방법이 복음에서 인정하는 방법인가? 여러분이 일하는 방법, 관계를 맺는 방법이 복음에서 요구하는 것과 동일한가? 만약 그렇지 못하다면, 여러분이 하는 일과 말은 동료에게 복음에 대한 설득력 있는 증거가 되지 못합니다.

4. 하나님의 방법으로 힘을 사용해야 한다

우리는 갖고 있는 힘을 하나님의 방법으로 사용해야 합니다. 인간이 갖고 있는 힘에는 한계가 있습니다. 사실 교회에서 권위를 잘못 사용했기 때문에 많은 사람들이 복음 안으로 들어오는 데 큰 지장을 받았습니다. 제가 여기서 권위라고 이야기하는 것은 목사나 장로가 아니라 여러분 모두 어떤 형태로든 권위를 갖고 있다는 말입니다.

여러분 중에는 지도자의 위치에 서게 될 사람도 많을 것입니다. 일터나 교회 안에서 일종의 권위를 갖게 될 것입니다. 그리고 그러한 위치에 처했을 때, 우리에게 그리스도인이 어떻게 다른가를 보여 줄 기회가 주어진 것입니다. 일반적으로는 자기 자신의 위치를 설정할 때 '권위'를 이야기합니다. 권위는 여러분이 어떤 권세를 갖고 있기 때문에 사람들이 여러분 말을 들어야 하고 복종해야 한다는 생각입니다.

그리고 성경은 인간이 갖고 있는 권위에는 한계가 있다는 말합니다. 하나님은 우리 모두에게 권세를 주셨습니다. 교회와 가정과 사회, 국가에도 하나님이 권위를 주셨습니다. 권위라는 것은 타락한 세상 속에서 만들어진 것이 아니라 하나님이 만드신 것입니다. 그리고 하나님은 권위를 사용하는 데 한계를 정하셨습니다.

첫째로 하나님만이 땅과 하늘의 유일한 권위자입니다. 그외에 어떤 권세도 교회이든, 사람이든, 국가이든 하나님의 권세 앞에서 절대적이지 않습니다. 모든 권세는 하나님의 권세에 종속되어야 합니다. 다르게 말하면 인간의 모든 권세는 하나님으로부터 주어졌다는 것입니다. 이것이 의미하는 바는, 권세는 자신의 위치를 표현하는 것이 아니라 어떻게 하나님께 반응해야 하는가 하는 것입니다.

성경에는 참된 권세자는 하나님을 섬기는 자라고 표현하고 있습니다. 로마서 13:1, 2은 하나님을 섬겨야 한다고 말합니다.

"각 사람은 위에 있는 권세들에게 굴복하라 권세는 하나님께로 나지 않음이 없나니 모든 권세는 다 하나님의 정하신 바라 그러므로 권세를 거스리는 자는 하나님의 명을 거스림이니 거스리는 자들은 심판을 자취하리라."

바울이 로마서 13장에서 하나님이 세상에 권세를 주셨다는 말의 의미와 하나님께서 사람에게 권세를 주어 하나님을 섬기게 하였다는 말의 의미는 동일합니다. 또 이러한 교회에서 지도력을 갖고 섬기라는 단어는 종이 주인을 섬기라는 단어와 같습니다. 둘로스(종)와 '섬기다'는 같은 의미의 단어입니다. 바울이 서신에서 자기를 표현할 때에도 '하나님이 나를 부르사 섬기게 하셨다'고 말하며 이 단어를 사용합니다.

'섬기다'와 '권세'는 부모와 자식 사이에서 사용되고 있습니다. 우리가 하나님을 섬길 때에 하나님의 종이기 때문에 하나님에 대해 책임을 갖게 됩니다. 골로새서 4:1어 상전에게 하는 말이 있습니다.

"상전들아 의와 공평을 종들에게 베풀지니 너희에게도 하늘에 상전이 계심을 알지어다."

즉 권세의 위치에 있는 모든 사람은 하나님에 대해서 책임이 있다는 것을 기억해야 합니다.

둘째로 시편 82:1을 보면 하나님께서 인간의 재판장들을 판단하신다고 합니다.

"하나님이 하나님의 회 가운데 서시며 재판장들 중에서 판단하시되.”

세상의 재판관이 판단할 때 하나님께 대해 책임이 있다고 합니다.

신약성경에서는 교회지도자들에게 말합니다. 야고보서 3:1에서는 선생이 되지 말라고 합니다.

“내 형제들아 너희는 선생 된 우리가 더 큰 심판 받을 줄을 알고 많이 선생이 되지 말라.”

제가 지금 여러분을 가르치는 데도 얼마나 긴장이 되는지 모르실 것입니다. 그렇기 때문에 두려움을 가지고 가르치는 것입니다. 자신이 행동하는 것뿐 아니라 다른 사람을 가르치는 데에도 하나님께 대한 책임이 있기 때문입니다. 결국 교회지도자들은 하나님 앞에 서게 됩니다. 우리가 어떤 종류의 권한을 갖고 있든지 간에 기억해야 할 것은 우리의 영향을 받는 사람들이 우리가 권한을 잘못 사용하는 것으로 인해 하나님께 울부짖을 수 있다는 것입니다.

야고보서 5:1-4을 보십시오.

“들으라 부한 자들아 너희에게 임할 고생을 인하여 울고 통곡하라 너희 재물은 썩었고 너희 옷은 좀먹었으며 너희 금과 은은 녹이 슬었으니 이 녹이 너희에게 증거가 되며 불같이 너희 살을 먹으리라 너희가 말세에 재물을 쌓았도다 보라 너희 밭에 추수한 품군에게 주지 아니한 삯이 소리지르며 추수한 자의 우는 소리가 만군의 주의 귀에 들렸느니라.”

욥도 비슷한 이야기를 한 것이 욥기 31:13, 14에 나와 있습니다.

“남종이나 여종이 나로 더불어 쟁변할 때에 내가 언제 그의 사정을 멸시하였던가 그리하였으면 하나님이 일어나실 때에는 내가 어떻게 하겠느냐 하나님이 국문하실 때에는 내가 무엇이라 대답하겠느냐.”

제 밑에는 많은 사람들이 있습니다. 여러분이 그들에게 가서 "당신의 선생은 어떻습니까?"라고 물었을 때 "지겹습니다"라고 말한다면 가르치는 자로서 존재의 의미가 없어지게 됩니다.

셋째로 하나님이 우리에게 주신 권세는 우월감을 가질 만한 것이 아니라 섬기게 하기 위한 것입니다. 신명기 18:7,8을 보면,

"여호와 앞에 선 그 형제 모든 레위인과 일반으로 그 하나님 여호와의 이름으로 섬길 수 있나니 그 사람의 응식은 그들과 같을 것이요 그 상속산업을 판 돈은 이외에 그에게 속할 것이니라."

똑같다는 이야기입니다. 우리가 학교에서 가르치든지, 회사에서 높은 위치에 있든지, 가정에서 가장이든지 우리가 더 낮다는 것을 표현하는 것은 아니라는 점입니다. 그래서 욥은 하나님 앞에 사랑은 동등하다고 말합니다.

또 우리가 한 가지 기억해야 할 것은 권세를 가지고 있기 때문에 존경을 받으려고 하기보다는 존경을 얻으려고 해야 한다는 것입니다. 요한복음 15장에서 예수님은 너희가 나를 사랑한다면 내 계명을 지키라고 합니다. 주님께서 제자들에게 말씀하셨던 것처럼 자기 아래 사람에게 그렇게 말할 수 있어야 합니다. 다시 말해서 그 사람에게 사랑을 받을 수 있는 존재가 되어야 합니다.

넷째로 우리가 갖고 있는 권세는 하나님의 말씀에 복종시켜야 합니다. 입니다. 신명기 17장을 보면, 왕이 명령을 하는 것은 그 명령을 통해서 사람들이 복종하도록 하기 위해서라는 것입니다. 즉 우리가 얼마나 권세를 갖고 있느냐는 하나님께 얼마나 복종하느냐로 결정되는 것입니다. 그래서 바울과 같이 나를 본받으라고 말할 수 있는 위치에까지 이르러야 하는 것입니다.

우리가 갖고 있는 권위는 어떤 새로운 법을 만들어 내는 권위가 아니라 이미 만들어진 법을 선포하는 권위라는 것을 알아야겠습니다. 이것이 의미하는 바는 그리스도인이 갖고 있는 권위는 하나님

의 말씀을 선포하는 데 있는 것이지 새로운 법을 만들어서 강요하는 데 있는 것이 아니라는 것입니다. 교회에서 지도자의 위치에 있는 사람은 설교할 때, 하나님의 말씀을 선포하는 것이지 설교자가 만든 말을 하는 것이 아니라고 할 것입니다. 그때 우리가 질문해야 할 것은 사람에게 명령하는 것이 하나님 보시기에 정당한 것인가 하는 것입니다. 즉 어떤 것을 만들어 낼 권한을 갖고 있는 것이 아니라 이미 만드신 것을 선포할 권한만 가지고 있다는 것입니다.

여러분이 부모가 되었을 때도 마찬가지입니다. 자녀에게 하나님이 만들지 아니한 것을 하라고 할 권한이 없습니다. 여러분이 자녀들에게 가르치고 실천하도록 할 것은 오직 하나님이 만드신 것에 한해서입니다.

지금까지 말씀드린 것을 역으로 말씀드린다면, 나보다 상위에 있는 권위의 명령이 하나님의 명령에 맞지 않다면 거절할 수 있다는 것입니다. 사무엘상 14장에서 요나단이 사울을 거역하는 기사가 나오는데, 좋은 예입니다.

마지막으로 인간이 만든 권한들이 오용되면 폐기해야 합니다. 구약에 보면 이세벨과 아합이 그 권세에서 제외된 것을 볼 수 있습니다. 또 신약에 보면, 장로들이 하나님을 공경하지 않을 때 우리가 어떻게 무시해야 되는가를 말하고 있습니다.

권위는 하나님께서 만드셨는데, 하나님이 명령을 하시고 우리가 그 명령을 다시 하는 것은 성경적이지 않습니다. 성경적인 권위를 말씀드리자면, 하나님 안에 권세가 있고 인간도 하나님 안에 있다는 것입니다. 이것이 의미하는 바는 한 개인이 하나님을 섬기고 복종하고 그 다음에 권세를 섬겨야 한다는 것입니다. 역으로, 한 사람이 권세자를 통하지 않고 직접 하나님께 외칠 수 있다는 것입니다.

하나님의 공동체 안에서 어떻게 살 것인가?

다음으로는 도시 속의 하나님의 공동체 안에서 어떻게 살 것인가 하는 문제를 생각해 보겠습니다. 하나님은 그리스도인들로 하여금 교회를 통하여 새로운 공동체를 만들어가게 하셨습니다. 신약에는 교회를 하나님의 집이라고 말합니다. 이것은 공동체가 파괴되어가고 있는 현대에서 중요한 의미를 갖게 됩니다. 교회가 갖는 공동체성, 이 실체가 중요합니다.

쉐퍼 박사는 두 가지의 정통성을 말하였습니다. 하나는 교리의 정통성과 바른 공동체입니다. 이를 위해서 우리는 먼저 장벽을 극복해야 합니다. 바울이 갈라디아서에서 유대인이나 헬라 인이나 남자나 여자나 구분이 없다고 했습니다. 그리스도 안에서 모든 인간은 동등하다고 합니다. 사회 속에서 존재하는 모든 장벽이 교회 안에서 무너져야 합니다. 에베소에서 바울은 그리스도가 우리의 화평이라고 말합니다. 여기서 그리스도로 말미암아 두 사람 사이에 어떻게 평화를 만들어 내는가가 중요한 것이 아니라 두 사람 안에 그리스도가 계시다는 것이 중요합니다. 예수 그리스도가 장벽을 무너뜨린다는 것입니다. 그것이 제가 흑인과 백인이 하나가 되는 공동체를 만드는 사역을 하고 있는 이유이기도 합니다.

이 세상의 장벽을 무너뜨리는 것은 복음 안에서만 가능합니다. 여러분이 속해 있는 공동체의 장벽은 무엇입니까? 그것이 어떤 종류의 습관이든지, 얼마나 강력한 것이든지 그리스도는 모두 무너뜨리십니다.

두번째로 공동체의 실제적인 필요에 부합되는 것을 베풀라는 것입니다. 우리가 자비를 베푸는 것, 너그러움을 베푸는 것은 아주 중요합니다. 자비를 베풀라는 말 자체의 의미는 낯선 자에게 베푸는 것도 포함하고 있습니다. 헬라 어로 이 말은 자기의 친구를 사랑하라는 것이 아니라 낯선 사람에게 호의를 베풀라는 것입니다. 로마서 13장에서 바울은 이웃에게 호의를 베풀라고 하고 있고, 히브리서에서도 그렇게 권면합니다. 복음서에서도 예수께서 잔치를 베푸셨을 때 가족이나 친지만 부르지 말고 밖에 나가서 모든 사람을 초청하라고 합니다.

여러분이 살고 있는 도시나 대학공동체 속에서 여러분이 알지 못하는 가난하고 낯선 자들이 있을 것입니다. 그리고 우리 가정 주변에도 수많은 사람들이 진정한 삶, 가정, 사랑이 무엇인지를 모르고 있습니다. 바로 여러분이 그것을 알게 해야 합니다. 대부분의 사람들은 자기를 알고 있는 사람에 의해서 전도되고 호의를 베푸는 것을 통해서 그리스도인이 됩니다. 미국 같은 경우는 예수 믿는 열 명 중 아홉 명은 친구나 아는 사람을 통해서 돌봄을 받고 그리스도인이 됩니다. 이것으로 볼 때 우리는 도와 줄 필요가 있는 사람을 섬기는 것 자체만으로 세상의 빛과 소금이 되는 것입니다. 예수께서 그것을 위해서 오셨고 그 일을 하라고 우리를 부르십니다.

마지막으로 빌립보서 2:5-11 말씀을 보겠습니다.

"너희 안에 이 마음을 품으라 곧 그리스도 예수의 마음이니 그는 근본 하나님의 본체시나 하나님과 동등됨을 취할 것으로 여기지 아니하시고 오히려 자기를 비어 종의 형체를 가져 사람들과 같이 되었고 사람의 모양으로 나타나셨으매 자기를 낮추시고 죽기까지 복종하셨으니 곧 십자가에 죽으심이라 이러므로 하나님이 그를 지극히 높여 모든 이름 위에 뛰어난 이름을 주사 하늘에 있는 자들과 땅에 있는 자들과 땅 아래 있는 자들로 모든 무릎을 예수의 이름에 꿇게 하시고 모든 입으로 예수 그리스도를 주라 시인하여 하나님 아버지께 영광을 돌리게 하셨느니라."

바울은 우리에게 그리스도의 마음을 소유하라고 말합니다. 예수

님께서 우리를 섬기기 위해서 하나님과 동등 본체로 여기지 않으
시고 종의 형체로 오셨기 때문에 주님은 우리에게 당신처럼 이웃
을 섬기라고 하십니다.

문화를 접촉점으로 하는 전도

변증과 전도는 동일한 것이라 할 수 있는데 여기에서는 우리가 복음을 어떻게 전할 것인가를 생각해 보도록 하겠습니다. 우리는 이미 '포스트모더니즘과 신세대'에서 디미 포스트모더니즘이 가져온 결과에 대해서 살펴보았습니다.

첫번째 포스트모더니즘의 결과는 우리의 이성으로는 아무것도 할 수 없다는 것입니다. 개인적인 진리만 존재한다는 것입니다. 이러한 사상들이 젊은이들로 하여금 인간에 대해 회의적인 생각을 갖게 만듭니다.

두번째는 권위에 대한 부정입니다. 그래서 많은 젊은이들이 전통적인 것을 공격합니다.

세번째는 도덕적 상대주의를 초래했습니다. 특별히 개개인이 선과 악에 있어서 최선이라고 생각합니다. 이러한 문제와 관련하여 공개적으로 토론이 오가고 있습니다.

네번째는 실제로 우상을 숭배하는 것입니다. 세상사람들은 포스트모더니즘의 영향을 받아서 우상을 찾고 있습니다. 이것이 포스트모더니즘의 직접적인 영향이든 그렇지 않든 간에 사람들은 우상을 섬기고 있습니다.

그리고 다섯번째는 다시 영적인 것을 숭배하는 것으로 돌아가는 것을 보게 됩니다. 그래서 사람들은 이성적인 종교를 찾는 것을 포기하고 신령하다고 생각하는 것들을 찾으려고 합니다.

어떻게 복음을 전할 수 있는가?

우리가 포스트모더니즘의 결과를 생각할 때, 이러한 문화적 상황에서 어떻게 복음을 효과적으로 전할 것인가 하고 질문하게 됩니다. 전도는 철학의 영향으로 더 어려워졌습니다. 포스트모더니즘의 영향을 받지 않았다고 말한 사람도 있었습니다. 아무튼 우리는 복음을 효과적으로 전하는 데 어려움을 겪게 됩니다.

우리가 이렇게 포스트모더니즘의 영향을 생각하면서 성경이 효과적으로 복음을 증거하게 하기 위해 어떻게 말하고 있을까를 고찰해 볼 필요가 있습니다. 신약성경을 보면 복음을 전하는 데는 전형적인 방법이 없다고 합니다. 우리가 살펴본 바로는 예수님의 전도방법은 다양했습니다. 그분이 사람들을 상대하고 복음을 전하는 방법들은 상대에 따라서 많이 달랐습니다. 사도행전의 바울도 그러합니다. 그가 회당에 있을 때, 유대인에게, 헬라 인에게, 혹은 간수들에게 이야기할 때 그 방법은 다 달랐습니다. 이렇게 다양한 방법으로 복음을 전하였지만 그것을 연결하는 것이 있습니다.

예수님이나 바울이 복음을 전할 때 다양한 방법이 있었지만 그 다양한 방법 속에서도 어떤 공통된 원리가 있었는데 그것을 알아보도록 하겠습니다. 이것은 우리에게 유용한 전도원리가 될 것입니다.

1. 상대방을 존경하라

상대방을 존중하는 것은 성경에서 여러 가지로 나옵니다. 본문의 예수와 사마리아 여인의 대화에서 놀라운 것을 발견할 수 있습니다. 사마리아 여인은 누구였습니까? 그 여자는 아주 중요한 네 가지를 갖고 있던 여자라고 할 수 있습니다. 그중 한 가지는, 그에게 이야기하는 여자는 유대인과는 상종할 수 없는 존재였다는 점입니다. 원래 유대인들은 사마리아 지역을 일부러 피해서 다녔습니다. 그러나 4절에는 바로 그쪽으로 가셨다고 이야기합니다. 또 다른 특징 중에 하나는 인종적인 것이었습니다. 예수님의 입장에서 볼 때 사마리아 사람들 즉, 이방인들은 상종도 못할 존재였습니다.

두번째, 잘못된 종교를 갖고 있었습니다. 그 당시 사마리아 사람들이 갖고 있던 종교는 모세 종교와 이방종교를 섞어 버린 혼합종교를 갖고 있었습니다.

세번째, 여자는 복음을 전파할 수 있는 대상이 아닌 여자였습니다. 당시 유대교 랍비들은 여자들을 가르치지 않았습니다. 그래서 바리새 인들은 하나님께 감사기도를 드릴 때 자신이 헬라 인도 아니고, 노예도 아니고, 여자도 아닌 것에 감사를 드렸습니다. 그래서 사실은 갈라디아서에서 그리스도 안에서는 종이나 자유자나 유대인이나 헬라 인이나 모두 하나라고 바울이 증거하고 있습니다.

당시 여성은 법정에서 아무 말도 할 권리가 없습니다. 그러나 본문은 여인에게 가서 나를 증거하라고 합니다.

네번째, 그 여자는 죄인이었습니다. 너무나 많은 죄를 졌기 때문에 그 동네사람들도 그 여인에 대해 아무런 말을 하지 않습니다. 그래서 그 여자는 아무도 안 올 때 물을 길러 왔습니다. 이렇게 그 여자는 가치가 없었습니다.

그런데 예수님이 여자를 대한 모습은 놀랍습니다. 존중과 사랑으로 다가갔습니다. 마실 물을 갖다 달라고 합니다. 이것은 당시에 유대의 율법이기도 했던 사마리아 인의 손을 거쳐서는 아무것도 먹지 않는 전통을 반대하고 깨는 것이었습니다. 여기에서 온 우주의 창조자이신 그분이 죄인에게 물을 달라고 하는 것입니다. 예수님께서 하나님임에도 불구하고 그 여인에게 가서 물을 달라고 합니다. 그래서 우리가 어떤 사람을 존중하는 가장 나은 방법은 누군가에게 가서 도움을 청하는 것입니다. 예수님은 이렇게 사람을 존중합니다.

세리였던 삭개오도 그러합니다. 예수님께서 삭개오를 만났을 때 초청을 청합니다. 그 옆에서 이야기를 들었던 사람 중에 어떤 사람이 삭개오는 죄인이라고 말합니다. 그러나 예수님은 삭개오의 집에 가셨고 창녀에게도 가십니다. 창녀 마리아가 다가왔을 때 그 여자가 눈물과 머리로 발을 닦았습니다. 이것이 주위의 사람들에게 큰 스캔들이 되었습니다. 예수는 그럼에도 불구하고 그 여인의 친절을 받아들였습니다. 다시 말해 여자를 존중했던 것입니다.

바울도 유대의 회당에 갔을 때도, 아테네 사람과 이야기할 때도 두 유형의 사람들을 다 존중한 것을 보게 됩니다. 이렇게 상대를 존중하는 것이 그 사람들로 하여금 사랑을 느끼게 합니다. 존중은 기술이 아닙니다. 그것은 바로 우리가 진심으로 상대를 가치 있다, 사랑한다라고 생각하는 것에 대한 표현입니다. 신약성경은 우리에게 상대를 사랑하고 상대와 관계를 맺고 마음을 열어 놓으라고 가르칩니다.

우리는 복음을 선포할 때 상대를 존중해야 합니다. '저런 죄인을 어떻게 존중합니까' 라고 말할 수 있습니다. 그러나 바울은 그가 어떤 자이든지 존중하라고 합니다. 예수님이 그러셨으면 우리는 당연히 그리해야 합니다. 그것은 그들도 하나님의 형상대로 만들어졌기 때문입니다.

2. 상대방을 이해하라

신약성경에 보면 예수님이나 바울이 복음을 전할 때 대상을 잘 파악하고 이해하고 있었다는 사실을 알 수 있습니다. 예수님의 예를 잠깐 보겠습니다. 예수님은 12살 때 성전에서 이미 신학적인 문제를 가지고 율법학자들과 이야기하였습니다. 하나님이니까 그렇겠지 하고 생각할 수 있습니다.

그러나 성경은 그렇게 말하지 않습니다. 누가는 예수님을 정상적인 인간으로 묘사하고 있습니다. 예수님은 사마리아 여인을 만났을 때도 마찬가지였습니다. 예수님은 한 인간으로서 사마리아인들이 어떤 양식을 갖고 있는지를 알고 말하는 것입니다.

성경에는 예수님이 사람들을 만날 때마다 질문을 합니다. 질문을 통해서 사람들의 생각을 알기 원했습니다. 그래서 복음서를 읽으면서 예수님이 어떻게 사람을 이해했는가를 알아야 합니다. 예수님은 그 사람 자체에 대해서 관심을 크였습니다.

부자관원이 왔을 때도 그러했습니다. 부자관원이 와서 자신이 어떻게 하여야 영생을 얻을 수 있는지를 물었습니다. 그때 예수는 그에게 질문함으로 그의 상태를 알려고 했습니다. 다음에 보면 예수님은 그 부자관원이 한 질문에 대해 갈씀하지 않았습니다. 오히려 예수님은 그를 보고 슬퍼했습니다. 그것은 바로 질문과 대화를 통해서 젊은 관원이 진심으로 구원을 받을 준비가 되어 있지 않은 것을 보았던 것입니다.

율법학자도 같은 경우입니다. 예수님께서 학자의 질문에 대답하지 않고 가라고 하십니다. 예수님은 복음을 전할 때 상대를 먼저 이해하려고 했습니다.

울브라이트라는 고고학자가 이런 말을 했습니다. 예수님께서 다른 사람과 대화했던 내용 중 질문들을 요한복음을 통해 그 대화 속에 기원 30년경에 널리 퍼져 있던 둔화를 포함하고 있음을 알 수 있다는 것입니다. 그리고 30년대의 사회적 상황을 반영하고 있는 질문을 하고 있다고 하였습니다. 즉 예수님께서 하신 말씀은 상대를 잘 이해하고 상황에 관련된 말씀을 하셨기 때문에 그 당시의 상황에 적절한 말씀이었다는 것입니다.

마찬가지로 여러분도 설교하거나 가르칠 때 오랜 세월이 지난 후대에 고고학자들이 여러분의 설교자료나 가르쳤던 자료들을 보고 그와 같은 사실을 발견할 수 있어야 한다는 것입니다. 사도행전의 바울도 마찬가지였습니다. 바울은 유대인들과 대화할 때 안디옥 교회에서 말한 바울의 이야기를 보면, 안디옥 교회에 있는 유대인들의 생각과 스타일을 알 수 있습니다. 사도행전 13장을 보면 구약의 역사를 이야기며 메시아에 대한 약속, 모세의 율법에 대해서도 언급하고, 당시의 유대인들이 알고 있는 세례 요한이나 예수님에 대해서 이야기하고 있는 것을 볼 수 있습니다. 여러분은 바울은 '그렇게 할 수 있었겠지'라고 생각할지도 모르겠습니다.

그러나 사도행전 13장에서 바울의 설교는 오늘날 우리가 듣는 설교와 비슷한 것입니다. 그러나 뒤로 갈수록 다릅니다. 이스라엘의 역사나 율법을 언급하지 않습니다. 대신에 사람들이 믿고 있는 신념에 대해서 말하고 있습니다. 바울이 스토아 학파, 아드리안 학파에 대해서 말하고 당시 그러한 철학들을 인용하는 것을 볼 수 있습니다. 그의 말에는 플라톤의 이원론이나 사상들이 반영되어 있기도 합니다. 다시 말해서 바울이 전도를 하기 전에 예상되는 반응에 대해 미리 말할 것을 준비하고 갔다는 것입니다. 즉 바울은 복음을 전파할 대상을 사랑하고 어떤 사회·문화적 배경에 있는가를 이해하고 갔다는 것입니다. 이것이 우리로 하여금 세번째로 준비할 것입니다.

3. 언어를 준비하라

　복음서에서 예수님이 사용하시던 어휘는 당시의 사람들이 사용하던 언어였습니다. 예수님은 농부나 어부 등 평범한 사람들에게 복음을 전하였습니다. 그러나 예수님이 신학적이고 철학적인 언어도 썼던 것을 볼 수 있습니다. 학자나 바리새 인들, 그 예로 니고데모와의 대화에 사용된 언어는 평범한 사람들에게 사용한 언어와는 다릅니다. 바울도 그렇습니다. 사도행전 13장에서 하나님을 이미 알던 사람들에게 썼던 단어들은 구약에 사용된 단어들이었습니다. 그러나 17장을 보면 아테네에서 사용한 단어들은 전혀 다릅니다. 여러분이 헬라 어 성경을 보면 13장과 17장의 단어 사이에 많은 차이가 있음을 알게 될 것입니다. 17장에는 '메시아', '그리스도'와 같은 단어를 거의 사용하지 않습니다.

　예수님에 대해서도 유대인에게 하듯 하나님의 아들이라는 표현을 하지 않습니다. 그냥 인간으로 표현합니다. 그리고 바울이 17장에서 하나님에 대해서 설명할 때도 유대인들의 용어를 사용하지 않고 그들이 사용하는 신적인 존재의 용어를 사용합니다. 물론 그 다음에 인격적인 하나님을 이야기하지만 처음에는 그들이 알고 있는 신의 개념으로 신을 이야기합니다. 또한 사도행전 17장의 원어를 살펴보면 아테네의 사투리로 대화하는 것을 보게 됩니다. 사도행전 17장의 설교내용도 시적이고 은유적인 내용이 많습니다.

　예를 들면, 우리가 시를 쓸 때 영어에서는 시작할 때 똑같은 단어로 시작하여 수사학적으로 쓰는데, 본문에는 첫 글자가 15번이나 언급되면서 나타납니다. 끝에도 운율을 맞추는 것을 볼 수 있습니다. 사도행전 13~17장을 보면 사용된 단어, 방법이 많이 다르다는 것을 알 수 있습니다. 사도행전 22~24장, 26장에서 바울이 이야기하는 것을 보면 거기서 바울이 법정에서 사용되는 단어로 복음을 전하는 것을 볼 수 있습니다. 사도행전에서뿐만 아니라 예수님도 그렇게 복음을 전했습니다.

또한 서신서에도 비슷한 예가 있습니다. 바울서신에서 이런 표현을 많이 사용합니다. 집을 많이 묘사하면서 '남편과 아내, 주인과 종' 같은 단어를 많이 씁니다. 그런데 바울의 이런 이야기 는 스토익 사람들의 패턴을 빌려온 것입니다. 디모데서를 보면 장로들이 지녀야 할 자질들이 스토익의 개념에서 옮겨온 것임을 알 수 있습니다. 바울이 장로들의 자질을 언급할 때 사용하던 단어인 '깨끗함' 등은 헬라적이다. 물론 바울이 이야기하고자 하는 것은 기독교사상이지만 언어는 그들이 알아 들을 수 있는 것을 사용했습니다.

다시 말해서, 만일 후대사람들이 여러분의 설교내용을 듣고 '아, 이것은 1995년의 한국도 사람들의 생각과 사상이었다'고 말하겠습니까 아니면 어느 연대인지 모르겠다고 하겠습니까? 그 시대 상황에 맞는 특별한 단어들이 있다는 것입니다. 신약성경이 우리에게 주는 도전은 당시 사람들의 사상과 단어로 복음을 표현했다는 것입니다.

4. 복음을 위한 다리를 만들라

신약의 복음전파의 원리를 보면 대상들이 동의하는 것을 찾아서 연결하려는 시도를 볼 수 있습니다. 예수님은 복음을 전하기 위하여 그 대상과 이야기할 때, 다리를 만든 것을 볼 수 있습니다. 이미 그들이 알고 있는 사상들, 혹은 하나님의 명령들을 가지고 이야기합니다. 사도행전에서 바울도 그렇게 복음을 전합니다. 물론 바울이 회당에서 이야기할 때 그들과 동일하지 않는 부분도 많이 있었습니다. 그래서 오늘날 우리들은 바울의 이런 교훈을 따라가지 않습니다. 대신에 '우리는 너와 다르다'는 말부터 합니다. 동일화하지 않고 다른 것부터 말합니다. 물론 바울은 마지막 부분에 가서 메시아에 대해서 이야기하지만, 첫부분을 시작할 때는 너희와 우리가 믿는 것의 동일성이 무엇인가부터 말합니다.

사도행전 17장에서 아덴 사람에게 복음을 전할 때도 마찬가지입니다. 재미있는 것은 바울은 복음에 접근하기 전에 그 성에 있는 우상을 보게 됩니다. 그리고 16절에서 바울은 우상이 있는 것을 보고 화를 내고 있지만 복음을 전하는 내용의 시작 부분을 보면, "너희들에게 많은 신이 있구나 … 나에게도 신이 있는데" 하고 동일화합니다. 바울은 그들이 갖고 있던 종교성을 끄집어내려고 합니다. 그래서 23절에서 '알지 못하는 신에게'라고 새긴 단을 보았다고 말합니다. 그리고 그들이 알지 못하는 신에 대해서 자신이 이야기하겠다고 말합니다.

이렇게 바울의 설교를 자세히 살펴보면, 설교의 대상자들과 다리를 만들어 가는 작업을 먼저 한다는 것을 알 수 있습니다. 그 다리를 통해서 하나님이 더 위대하다는 것을 인식하게 합니다. 그리고 우상을 믿는 믿음이 가지는 문제점을 깨닫게 합니다.

예수님과 바울이 복음을 전하던 첫번째 방법은 그 사람이 갖고 있는 옳은 것이 무엇인가에서부터 접근하는 것입니다. 우리가 복음을 전할 때도 그가 갖고 있는 옳은 것, 잘하는 것, 접근이 가능한 것을 먼저 이야기해야 합니다.

만일 여러분이 유교사상을 접한 사람들과 이야기할 때, 그들이 갖고 있는 좋은 점 혹은 포스트모더니즘을 접하고 있는 사람들에게는 그들이 갖고 있는 것들을 가지고 이야기를 시작하여 나중에 좋지 않은 점을 지적해야 합니다. 우리가 어떤 사람과 대화를 할 때 그 사람에게서 우리와 동일한 것을 발견할 수 있을 것입니다. 왜냐하면 모두 하나님의 형상으로 창조되었기 때문입니다.

"저희 아버지는 원래 예수님을 믿지 않았고 마르크스주의자였습니다. 아버지와 제가 이야기를 하면서 공감을 할 수 있었던 것은,

당시 영국사회의 도덕적 타락을 회복하려고 했던 것을 알 수 있었기 때문이었습니다. 저는 아버지를 존중하게 되었고 인정해야 할 부분이 무엇인가부터 생각하게 되었습니다."

5. 이성적이고 논리적으로 전하라

예수님이나 바울은 복음을 전할 때 이성적으로 논리적으로 전하려고 했습니다. 사도행전 16장에 보면 바울이 아덴에서 원성을 많이 들었지만 17장에서는 저자(시장)에서는 날마다 사람들과 변론했다고 하였습니다. 거기서 바울은 유대인들과 율법을 갖고 변론했고, 논리적으로 이야기했고, 그러한 약속이 예수님으로 말미암아 완성되었다고 논증합니다. 그리고 그 예수님의 부활을 증거로 증명합니다.

그러나 17장에는 다른 방법으로 변론하는 것을 봅니다. 그들이 갖고 있는 세계관 내지 믿음의 관점을 가지고 시작합니다. 즉 우주를 창조한 것이 누구인가를 물으며 시작합니다. 그리고 역사 안에서 하나님의 섭리가 어떻게 드러났는가를 변론합니다. 또한 그들이 우상을 어떤 식으로 이해하고 있는가를 말합니다. 즉 바울이 유대인이든 헬라 인이든 간에 설득할 수 있다는 확신을 갖고 하였습니다.

복음서에서 예수님도 그렇게 하였습니다. 특히 질문을 통해서 변론합니다. 예수님은 사실 위대한 질문가입니다. 질문을 통해 사람들이 생각하게 합니다. 여러분들이 예수님께서 하신 질문의 방법을 살펴보면 전통적인 대화법이라는 사실을 발견할 수 있을 것입니다.

6. 확실하고 분명하게 하라

존중과 이해와 그들의 언어를 능숙하게 사용하는 것, 그들이 옳다고 생각하는 것으로 다리를 만드는 작업을 한 다음에, 우리가 또 해야 할 것은 그들이 진리에 대해 잘못 알고 있는 것을 분명히 알게 해야 합니다. 로버트 슐러 목사의 복음제시를 한번 들여다 봅시다. 그는 위의 1-4번까지를 매우 잘합니다. 그래서 캘리포니아 사람들을 이해하고, 그들의 언어로 설교를 잘합니다. 그러나 그 사람에게서 발견하지 못하는 것은 복음에 대한 명료성입니다.

우리가 복음서를 계속해서 읽으면, 예수님은 그들의 생각을 명료하고 확실하게 만들어 가는 것을 볼 수 있습니다. 첫번째 질문에서는 그가 동의하는 것이 무엇인지를 묻습니다. 두번째는 좀더 신중하게 생각하는 질문을 하게 하십니다. 예를 들면, 메시아가 누구의 아들이냐고 묻습니다. 그들은 다윗의 자손이라고 대답합니다. 예수님은 좀더 어렵게 질문합니다. 그러면 다윗이 어떻게 메시아를 자신의 주님이라고 할 수 있는가를 묻습니다. 이런 식으로 예수님은 사람들로 하여금 생각해야 할 질문을 하십니다.

사도행전 14~17장에서 바울도 같은 방법을 사용합니다. 바울은 먼저 메시아가 어떤 존재인가를 확신하게 합니다. 그리고 사람들에게 하나님이 어떤 존재인가를 확인시킵니다.

7. 도전하라

예수님은 마지막 부분에 가서 사람들에게 도전을 줍니다. 예수님께로 왔던 젊은 관원의 예를 들면, 그 관원이 와서 "내가 어떻게 구원을 얻겠습니까?"라는 질문에 대해 그에게 나쁜 소식을 전해주고 돌려보냈습니다. 그 나쁜 소식은 율법에 더 복종하라는 것입니다. 관원은 자기는 율법을 충분히 지켰다고 생각했습니다.

그러나 그는 실제로 그렇게 살지 못했기 때문에 복음을 받아들일 자세가 되어 있지 않았던 것입니다. 그렇기 때문에 다시 가서 선을 행하라고 하십니다. 율법학자는 와서 도전을 받고 돌아갑니다. 그 율법학자에게 선한 사마리아 인을 비유로 말합니다. 그리고 이 사람에게 누가 참된 이웃인지를 묻습니다. 그리고 너도 가서 행하라고 하십니다.

예수는 마지막에는 이렇게 도전을 줍니다. 스스로 의롭다고 하는 사람들에게도 예수님은 도전합니다. 이런 도전 속에서 발견할 수 있는 것은 자기가 죄인이라고 인정하는 사람들에게는 예수가 죄사함의 방법을 가르쳐 주신다는 사실입니다. 창녀나 사마리아 여자가 좋은 예가 될 것입니다. 그러나 본문에 나타난 바와 같이, 젊은 관원이나 율법학자 같은 사람에게는 회개를 요구하고 나쁜 소식을 주는 것을 볼 수 있습니다.

우리들은 거꾸로 시작합니다. 우리는 스스로 자기에게는 문제가 없다고 생각하는 사람들에게는 복음을 주지만 예수님은 결단을 요구했습니다. 반대로, 죄인이 왔을 때 우리는 그를 받아들이지 않을 때도 있습니다. 그러나 예수님은 죄인에게 구원의 길을 가르쳐 주셨습니다.

중요한 것은 우리의 메시지가 마음뿐 아니라 그들의 지성에 도전을 주는 것이어야 한다는 것입니다. 그리고 이러한 도전은 복음에 대한 필요에 맞게 전해져야 합니다. 사도행전 13장에서 바울이 유대인들에게 복음을 전할 때, 그들은 율법을 잘 지킴으로써 의롭게 될 수 있다고 생각하는 사람이었습니다. 바울은 그들에게 변증하고 요구합니다. 사도행전 17장에서는 철학자들에게 그들이 가지고 있는 것으로 논증해 가는 것을 볼 수 있습니다. 우리가 복음을 가지고 접근할 때에는 그가 자신있다고 여기는 것을 가지고 명확하게 논증하고 잘못된 것임을 깨닫게 해야 합니다.

8. 상상력을 사용하라

우리가 사람들에게 복음을 전할 때 이성과 지성과 감성을 자극

하여 상상하게 해야 합니다. 복음은 이 세상에서 가장 아름답고 좋은 이야기입니다. 인류역사에 한 번도 있지 않았던 위대한 드라마라고 합니다. 우리가 누군가에게 복음을 전할 때 그들이 상상할 수 있도록 전해야 합니다. 예수님은 이야기의 천재였습니다. 특히 비유로 전했습니다. 비유로 이야기하면 절대 잊어버리지 않습니다. 그리고 17장에 사도 바울은 이야기를 하기 시작합니다. "너희가 알지 못하는 신을 섬기고 있구나."

성경과 학문을 하나로 만드는 길

우리가 성경과 학문을 어떻게 연결시킬 것인가에 관한 강의는 먼저 우리가 그리스도인으로서 학문을 어떻게 할 것인가를 생각하려는 것입니다. 이 점에 관하여 성경말씀은 우리에게 도전을 줍니다. 하나님은 우리에게 우리의 뜻과 정성과 힘을 다하여 하나님을 사랑하라고 하셨고, 그래서 하나님을 사랑하는 것 중 하나는 우리가 항상 하나님을 생각하는 마음으로 무엇이든 해야 한다는 것입니다. 이것은 명령입니다.

사도 바울은 로마서 12:1, 2에서 말합니다.

"그러므로 형제들아 내가 하나님의 모든 자비하심으로 너희를 권하노니 너희 몸을 하나님이 기뻐하시는 거룩한 산 제사로 드리라 이는 너희의 드릴 영적 예배니라 너희는 이 세대를 본받지 말고 오직 마음을 새롭게 함으로 변화를 받아 하나님의 선하시고 기뻐하시고 온전하신 뜻이 무엇인지 분별하도록 하라."

저희가 하나님께 산 제사를 드리려면 생각과 마음이 새롭게 되어야 한다는 것입니다. 고린도후서 10:5, 6에 보면,

"모든 이론을 파하며 하나님 아는 것을 대적하여 높아진 것을 다 파하고 모든 생각을 사로잡아 그리스도에게 복종케 하니 너희의 복종이 온전히 될 때에 모든 복종치 않는 것을 벌하려고 예비하는 중에 있노라"는 말씀이 있습니다.

모든 그리스도인은 자신의 생각을 모두 그리스도께 복종시켜서 하나님께 반대하는 모든 사상을 파괴해야 한다는 말입니다.

하나님께 영광이 되어야 하는 학문

그리스도인이 학문을 할 때는 무슨 학문을 하든지 간에 그리스도께 영광이 되는 방식이어야 합니다. 보통 그리스도인들이 대학에서는 학문을 하고 대학을 떠나서는 신앙생활을 하는 이원론적인 삶을 삽니다. 영국의 「기독교와 심리학」이라는 책에서 저자가 주장하는 것은 신앙과 학문은 분리해야 한다는 것으로 심리학과 신학을 분리해서 생각해야 한다는 내용입니다.

성경에서는 우리에게 마음을 둘로 나누지 말고 한 마음으로 살아가라고 합니다. 하나님께서 세상을 창조하시고 인간을 창조하셨으므로 우리가 생각을 하면서 세상을 사는 것이 하나님께 영광이 됩니다. 그래서 성경은 좁은 의미로 종교를 위해 쓰여진 것이 아닙니다. 우리는 모든 것을 생각하면서 성경을 볼 수 있어야 합니다. 성경에다 모든 생각의 초점을 맞추어 그리스도께 순종하여야 한다는 의미입니다.

여기에서 우리에게 필요한 과제 몇 가지가 있습니다.

1. 세상에서 투쟁해야 한다

이것은 대학에서 공부할 때에도 믿는 사람으로서 떳떳이 세상에서 투쟁해야 한다는 것입니다. 많은 그리스도인들이 대학에 갈 때는 법정에서 심판받는 기분으로 갑니다. 제 작은 아들이 세인트루이스 대학교에 입학을 했습니다. 입학한 후, 처음 과에 들어간 날부터 기독교에 대한 공격을 받았습니다. 이렇게 지식의 상아탑이라 할 수 있는 대학을 통해 처음으로 서상과 맞부딪치기 시작하면 신앙을 잃거나 회의를 하게 됩니다.

제가 영국에서 일할 때에 영국에 있는 대학생들에게 강의를 한 적이 많았습니다. 어떤 학생과 대화하는 중에, 그 학생으로부터 "나는 마치 큰 바다에 떠 있는 조그만 바다에서 사람들에 둘러싸여 있는 기분이고, 파도가 너무 세서 죽을 지경입니다"라는 절박한 고백을 들었습니다. 우리가 대학생들을 도와야 할 필요는 어떻게 신앙을 가지고 대학을 다녀야 하는지를 그들이 모르는 데에 있습니다.

2. 학과에서 증인이 되어야 한다

여러분이 학과에서 공부를 할 때에 트론을 하는 자리에서 자신의 신앙을 공개할 것인가, 그렇지 않으면 자신의 신앙에 가해지는 공격들을 방어할 줄 모르기 때문에 잠잠히 있을 것인가가 문제입니다.

3. 친구들을 전도해야 한다

여러분의 친구들을 직접 전도할 필요가 있습니다. 어떤 학생은 학교친구에게 복음을 전하는 일을 회피합니다. 어떤 학생은 웨일스에 있는 동성연애자 그룹으로부터 토론하자는 초청을 받았는데 안 가겠다고 거절했습니다. 이런 것은 참으로 슬픈 현상인데 진리를 전할 수 있는 좋은 기회를 거절한 것이기 때문입니다. 하나님의 사랑과 자비를 전할 좋은 기회를 놓친 것이기도 합니다. 그러므로 우리는 학문과 신앙을 어떻게 연결시켜 갈 것인가에 대해 정리할 필요가 있습니다.

기독교세계관의 필요성

첫째로 우리가 다 예수님을 믿는 사람들이고 우리가 무엇을 믿는에 관해 상식적으로 알 것 같지만 다시 한번 확실히 할 필요가 있습니다. 우리는 먼저 기독교의 세계관을 확실히 이해함으로써 자신이 전공하는 과목을 어떤 관점과 자세로 공부할 것인가를 알아야 합니다. 이를테면 우리가 '기독교'라는 안경을 쓰고 세계를 보는 것이라고 말할 수 있는 기독교세계관이 필요합니다. 이 세계관은 간단히 이렇게 표현할 수 있습니다.

보통 조직신학에서 말하는 하나님이 세상을 창조하시고, 인간이 타락하고, 구속하고, 최후에 있을 영광 정도로 세계관을 말할 수 있습니다. 이렇게 간단히 표현한 기독교세계관이 바로 우리의 사상세계를 이해하는 틀이 될 수 있습니다. 성경에서 말씀하고 있는 모든 것들을 이 네 가지의 제목 하에 분류할 수 있습니다.

예를 들어, 심리학이나 사회학을 살펴보면 세상에서 인간을 연구하는 결과와 하나님께서 성경 속에서 인간에 대해 계시하신 것을 비교·연구할 수 있습니다. 죄로 인해 깨어진 인간상을 세상에서 연구하는 인간학 또는 심리학에서는 무엇이라고 하며, 성경에는 무엇이라고 말하고 있는 것인지 연구할 수 있습니다. 역사학을 예로 들면, 인간역사가 미래에 어떻게 될 것이며 종말에 있을 일은 어떠한지에 대해 성경이 말씀하고 있습니다. 성경에서 인간의 종말과 나중에 올 영광을 어떻게 말하고 있습니까? 성경은 마르크스주의의 종말을 잘 알고 있습니다. 마르크시즘의 미래의 영광이라는 것은 기독교의 이단적인 사상이라고 할 수 있습니다. 그래서 창조와 타락, 구속, 영광은 마치 우리가 세상을 볼 때, 안경을 쓰고 내다보는 것과 같은 것입니다. 한 가지 간단하게 예를 들면, 사도신경을 비롯하여 교회의 고백들이 있습니다. 이와 같은 고백이나 신조나 교리 같은 것들은 우리가 사는 세계를 잘 설명하고 있기 때문에 잘 이해해야 합니다. 이런 것들은 우리가 생각하고 공부해야 하는 것들을 조정할 수 있는 틀입니다.

세례를 받을 때에 이런 질문을 할 수 있습니다. 첫째는, 하나님이 누구인가 하는 것입니다. 둘째는, 내가 누구이며 죄가 무엇인가? 그 다음에는 그리스도는 누구이며 구속주는 누구인가, 순종은 무엇인가 등 이런 것들이 우리가 독서하고 공부하고 연구하는 데 좋은 기준이 됩니다.

그래서 첫째로 내가 믿는 것이 무엇을 뜻하는 것인가를 확실히 이해하는 것이 중요합니다. 소위 내가 믿는다는 것의 내용이 학문의 틀이 됩니다.

둘째로 왜 믿는가를 질문해야 합니다. 베드로전서 3:15을 보면 "…너희 마음에 있는 소망에 관한 이유를 묻는 자에게는 대답할 것을 항상 예비하되 온유와 두려움으로 하고"라고 기록되어 있습니다. 우리의 믿음을 방어할 준비가 되어 있어야 합니다. 변증(Apology)이라는 법적인 단어가 나옵니다. 우리는 또한 이렇게 생각할 수 있습니다. 믿는 학생들은 대학에서 재판을 받고 있다고. 우리는 우리의 믿음을 강의실에서 논리적으로 방어해 낼 수 있습니까? 누군가가 "그런 엉터리 같은 것을 왜 믿는가?"라고 묻는다면 그 질문이 진정한 질문이든, 조롱이든 간에 우리는 그 질문에 대답할 의무가 있습니다. 성경에서 다른 말로 증인이라는 표현을 쓰고 있습니다. 이것도 법적인 용어입니다.

사도행전에서 사도 바울이 증거할 때, 자기의 믿음을 향해 쏟아지는 공격들을 방어하기 위해서 여러 가지 증거들, 증인들을 불러냅니다. 첫째로 창조된 세상을 증거로 제시합니다. 하나님이 인류를 보호하시는 것과 역사 속에서 일하시는 하나님을 증인으로 나타냅니다. 그 다음에 구약을 증거로 제시합니다. 그리고 그리스도의 죽음과 부활을 변증합니다. 뿐만 아니라 이방인들이 생각하는 것, 말하는 것을 끌어다가 증거로 제시합니다. 그래서 바울이 바로 사도행전 17장에서 변호의 방식으로 사용한 것이 그러한 것입니다. 이방인들이지만 그가 말하고 생각하는 것들이기 때문에 성경적으로 맞아들어가는 것을 가지고 이야기합니다. 또 자기의 변화된 인생을 증거로 내어놓고 있습니다. 신약성경에는 이렇게 흥미진진한 기사들이 많이 있습니다.

현재 복음주의자들은 증거와 변증을 구별해서 생각합니다. 그들이 생각하기는 변증학이라는 것은 지성인이나 하는 것이라고 생각합니다. '증거한다', '변증한다'는 의미는 그리스도가 내게 역사한 것을 말하는 것입니다. 그러나 신약성경은 이 두 용어를 구별해서 쓰지 않습니다. 자기 주변의 현상뿐 아니라 하나님이 역사에서 하신 일을 모두 말한다고 바울은 말하고 있습니다.

학문을 하는 방법의 제안

1. 의문사항을 솔직히 드러내라

여러분에게 진심으로 권하고 싶은 것은 속에 있는 질문을 솔직히 드러내서 거기에 대한 답을 받으라는 것입니다. 질문을 숨기고 있으면 해결이 되지 않습니다. 학교에서 공부할 때, 교수나 친구들이 질문을 해올 때, 혹은 신앙에 대한 회의가 올 때는 꼭 해결을 해야 합니다. 쉐퍼 박사가 좋은 예를 듭니다. "기도만 한다고 해서 당신의 회의가 없어질 것이라고 생각하지 마십시오. 당신의 질문을 당나귀에 올려놓지 마십시오. 당나귀는 무거운 짐을 지지 못합니다. 당나귀 위에 무거운 짐을 올리기 전에 해결해 줄 수 있는 사람에게 가서 질문하십시오".

2. 질문을 감사함으로 받으라

질문을 해오는 사람에게 감사해야 합니다. 라브리에서는 누구든지 질문할 수 있도록 개방합니다. 제가 신학교를 갓 졸업하고 라브리에 일하러 갔을 때 식사를 하면서 깊은 토론을 했는데 어려운 질문에 대해서는 다리가 떨렸습니다. 그럴 때에 정말 모르는 것은 모른다고 하는 겸손과 용기가 필요합니다. 연구해서 알려드리겠다는 자세가 필요합니다. 우리는 질문에 대해 감사해야 합니다. 만약 기독교가 진리라고 한다면 무서워할 것도, 숨길 것도 없습니다.

그리고 여러분도 장차 결혼해서 부모가 될 것인데, 여러분이 부모가 되었을 때에 자녀에게 질문을 자유롭게 할 수 있도록 여러분의 마음을 열어야 합니다. 그들이 아주 어릴 때부터 질문을 하도록 격려해야 합니다. 제 아들은 아주 어렸을 때부터 아주 어려운 질문을 하곤 했습니다. 아이들은 눈치가 빨라서 숨기는 것을 잘 감지합니다. 신학적인 용어를 사용하지 않지만 구속, 구원에 대한 모든 것을 질문합니다. 지금부터 우리는 왜 믿는가를 확인해야 합니다. 이것은 일생 동안 해야 할 작업입니다.

3. 다른 사람이 믿는 것을 연구하라

우리가 대학 내에 있는 사상전쟁에서 이기려면 다른 사람이 무슨 생각을 하는가를 알아야 합니다. 존중이라는 것이 여기에 해당됩니다. 옆에 있는 믿지 않는 친구를 존경한다면 그들이 가지고 있는 생각을 알아야 합니다. 우리에게 믿지 않는 교수가 있는데 그를 존경한다면 그의 사상을 알아야 합니다. 우리가 책을 존중한다면 그 책의 의미를 깊이 연구해야 합니다.

그리스도인이 대학에서 공부한다는 것은 특별한 도전이 따르는데, 이 도전에 대해 우리는 두 가지를 갖추고 있어야 합니다.

첫번째로 교수가 여러분에게 요구하는 것들을 잘 따라야 합니다. 그 다음에 여러분이 하는 공부의 사상과 내용을 그리스도인으로서 어떻게 받아들여야 할 것인가를 연구해야 합니다. 그것이 우리의 생각을 순종시키는 것이라고 할 수 있습니다. 만약 그리스도와 반대되는 것을 공부해야 한다면, 성경을 토대로 비판할 수 있는 능력을 같이 키워가야 합니다. 그것이 하나님께 반대하는 모든 사상을 파괴한다는 의미입니다.

두번째로 방금 말씀드린 것을 확대해서 우리가 삶의 전 영역을 복음을 가지고 파고들어야 합니다. 하나님께서는 우리에게 기독교 문화, 기독교 라디오, 기독교 텔레비전에 대해서는 말하지 않습니다. 하나님은 우리에게 세상으로부터 숨어있으라고 하지 않고 그 안에서 살라고 하십니다.

어떤 학생들은 가끔 저에게 즐겨 듣는 프로그램이나 책을 추천해 달라고 말합니다. 그러나 라디오 프로그램이나 책목록은 아주 작은 부분입니다. 크리스천 문학, 크리스천 라디오 그 자체가 나쁘다는 것이 아니라, 우리가 살고 있는 세상을 더 잘 알아야 한다는 것입니다. 세상에 사는 사람들이 무엇을 생각하고 어떻게 사는가를 이해해야 한다는 것입니다. 우리가 세상에서 숨으려고 해도 사실은 불가능합니다. 그래서 그리스도인으로서 신실한 삶을 살려면 도망가지 말고 세상 속에서 살면서 그 속에 어떤 비그리스도적인 것이 있는가를 알고 거부하면서 사는 것입니다. 그래서 문화를 잘 이해해야 합니다. 이제 실제적인 제안을 하겠습니다.

4. 토론할 수 있는 그룹을 찾으라

실제적인 제의인데, 토론을 할 수 있는 그룹을 찾으십시오. 성경은 두 사람이 한 사람보다 낫다고 합니다. 그래서 우리가 함께 머리를 조아려서 의견을 모으는 것이 필요합니다. 존 스토트 목사는 정기적으로 마음맞는 친구들과 책을 읽거나 영화를 보거나 독후감을 가지고 토론을 한다고 합니다. 그가 필요하다면 우리는 얼마나 더 필요하겠습니까? 잠언은 이렇게 말합니다. 쇠는 다른 쇠와 부딪쳐야 더 날카롭게 된다고 여러분이 학문을 하면서 문제가 생길 때에 도움을 줄 수 있는 단체도 있습니다. 대표적인 단체는 IVF입니다.

5. 자녀의 학교 문제를 도와주라

자녀를 가지게 된다면 학교에서 처음부터 부딪치는 문제를 도와주어야 합니다. 저는 아이들이 5살 때 초등학교에 들어가서 그 아이들이 토론하고 싶어하는 모든 것을 도와주었습니다. 그들이 집을 떠나 기숙사에 있을 때에도 집으로 전화해 저에게 물어봅니다. 어렸을 때부터 그런 습관을 길러주었기 때문에 나이가 들어서도 물어옵니다. 그들이 읽어야 할 책들을 같이 읽고 이해하려고 노력합니다.

그러나 명심할 것은 우리 자녀들이 아직 준비가 안 된 상태에 있는데 증인이 되라고 강요하지 마십시오. 강제로 시킨다고 해서 도움이 되는 것은 아무것도 없습니다.

6. 전공학문에 대한 기독지성인을 찾으라

또 한 가지 제안을 하겠습니다. 전공에 관한 것으로, 첫째로 여러분이 전공한 학문에 전공자인 기독교지성인들을 찾아내십시오. 예를 들어 제 경우에는 영문학에 아주 조예가 깊은 C.S.루이스가 있습니다. 비평 때문에 흥미를 잃어버린 많은 학생들이 있는데, 3-40년대에 쓴 루이스의 문학평론은 디미 고전이 되어 있습니다.

흥미로운 것은 대학교에서 예수님을 안 믿는 교수가 학생들에게 루이스의 책을 권하는 것을 보았을 때였습니다. 여러분이 전공하는 학문에서 예수님을 믿는 뛰어난 교수를 찾아서 도움을 받아야 합니다. 실제적으로 여러분의 문제를 해결하기 위해서 교수나 선배를 찾아가면 도움도 받고 더불어 그들의 모범을 보고 배울 수도 있을 것입니다.

다른 방법으로는 예수 믿는 사람을 초빙해서 강의하게 하는 방법이 있습니다. 이것이 제가 세인트 루이스에서 실행하고 있는 방법입니다. 쉐퍼의 강좌모임에서는 유명한 핵물리학자를 초청해서 강의를 하게 할 계획도 가지고 있습니다. 그는 머리도 좋고 노벨 물리학상에 5회나 추천받았던 사람입니다. 그는 하나님과 우주의 기원에 대해 강의할 것입니다. 이런 강좌에는 그리스도인뿐 아니라 믿지 않는 사람도 초대해서 질문하고 토론도 할 것입니다. 그래서 유명한 과학자를 초대해서 강의를 듣는 것은 큰 도움이 될 것이며 기독교적 관점으로 세계를 어떻게 볼 것인가를 알 수 있게 될 것입니다.

6. 관심 있는 주제를 논문으로 쓰라

그 다음 실제적인 제의는 가능한 대로 여러분이 특별히 관심이 있는 문제를 가지고 논문을 쓰시기 바랍니다. 아내는 지금 석사학위 논문으로 불어와 불어교육에 관한 논문을 쓰고 있습니다. 논문을 쓰기 위해서 16세기의 작품 중 칼빈에 관한 것을 읽어야 합니다. 그 교수가 칼빈을 좋아해서가 아니라 당시에 불어로 쓰여진 작품 중에 칼빈의 작품이 가치있기 때문입니다. 쉐퍼가 말했듯이 칼빈은 프랑스 문학에 아주 중요한 인물입니다. 그래서 칼빈에 대해 논문을 쓰려고 합니다. 교수가 프랑스 여자인데 대화 도중, 그녀의 남편이 칼빈주의 목사라고 하였습니다. 그래서 칼빈에 대해서 강의해 달라는 초청도 할 수 있었습니다.

또 하나는 교육학에 대한 논문입니다. 반대로 칼빈을 반대하는 책을 많이 읽어야 합니다. 칼빈의 교육방법론 속에는 아이들을 때려서 귀신을 쫓아야 한다는 주장도 있습니다. 그것은 거짓말이며 모욕입니다. 왜냐하면 미국의 교육은 칼빈주의에 기반을 두고 있기 때문입니다. 그래서 제 아내는 교육학에 칼빈이 기여한 바를 쓰기로 했습니다. 여기에서 이런 것을 생각할 수 있습니다.

하나님께서 역사를 통해서 어떻게 일하셨는가를 알 수 있습니다. 기독교에 자랑할 만한 문화가 있습니다. 그 다음에 칼빈에 대해 진리를 발견하는 논문을 쓴다면 그 교수의 칼빈에 대한 입장이 달라지게 될 것입니다. 제 아내가 쓴 논문은 너무 흥미진진하기 때문에 강의실에서 발표하게 될 것입니다. 그래서 자기의 흥미가 다른 사람에게 유익을 주게 될 것입니다.

제 아들에게도 그렇게 하라고 말합니다. 아들이 프린스턴의 졸업반인데, 논문을 쓰면서 신앙이 많이 자랐다고 합니다. 그리고 3학년 때 모든 학생들이 논문을 두 개씩을 써야 하는데 첫 논문은 세익스피어의 작품 중 하나로 그 작품은 혀의 죄를 말하고 있는 것입니다. 그래서 성경에서 혀의 죄에 대해 말하고 있는 것을 쓰고 있습니다. 또 하나는 밀턴의 실락원에 대해서 쓰는데 80페이지 분량의 졸업논문으로 세익스피어와 몬테익을 비교하는 것입니다.

이번에 대학에 갓 들어간 아들도 비슷한 작업을 하고 있습니다. 그가 쓴 논문의 내용은 미술사인데 5-12세기의 여러 가지 십자가의 형태를 연구해서 논문을 쓰고 있습니다. 그래서 모든 학문을 하는 사람들은 다른 이유가 없더라도 자기의 발전을 위해서 논문을 쓸 수 있습니다. 그런 논문을 쓸 때, 구태여 교수들을 모욕하거나 화나게 하는 방법으로 쓰지 않아도 됩니다. 하나님은 학교에서 공격적이고 저돌적인 기독교인을 바라지는 않습니다. 논문제목

을 선정하는 것보다 논문을 쓰는 방법, 신실하고 겸손하게 써 나
가는 방법이 중요한 것입니다.

기독교 세계관의 패러다임

지식에 관한 성경의 패러다임(Paradigm)

우리가 세상을 관찰할 때 세계를 이해할 수 있는 방법이 필요합니다. 특별히 그리스도인이 '어떻게' 아는가에 관련된 것을 기독교세계관의 패러다임이라고 할 수 있습니다. 이 점에 있어서 포스트모더니즘을 신봉하는 사람들은 믿을 수 있는 것은 자기의 안경밖에 없다고 말합니다. 자신의 안경으로 관찰하여 세상에 대한 지식을 얻는데, 그것의 진위를 어떻게 아는가 하는 것이 그들이 지닌 문제입니다.

그들과 대조적으로 성경은 절대적인 패러다임을 말하고 있습니다. 성경에서 제시하는, 세상을 보는 참된 방법이라는 것은 하나님이 세상을 바라보는 눈입니다. 그 방법으로 사고하면 우리는 하나님에 대해서도 알 수 있고 세상과 자신에 관해서도 알 수 있습니다. 욥기 38장을 보면 하나님께서 욥에게 대답하시면서 지식을 전해 주시는 장면이 있습니다. 그러시면서 하나님은 욥이 인간으로서 가지고 있는 지식과 대조해서 말씀하십니다. 먼저 1—7절입니다.

"때에 여호와께서 폭풍 가운데로서 욥에게 말씀하여 가라사대 무지한 말로 이치를 어둡게 하는 자가 누구냐 너는 대장부처럼 허리를 묶고 내가 네게 묻는 것을 대답할지니라 내가 땅의 기초를 놓을 때에 네가 어디 있었느냐 네가 깨달아 알았거든 말할지니라 누가 그 도량을 정하였었는지 누가 그 준승을 그 위에 띄웠었는지 네가 아느냐 그 주초는 무엇 위에 세웠으며 그 모퉁이 돌은 누가 놓았었느냐 그때에 새벽별들이 함께 노래하며 하나님의 아들들이 다 기쁘게 소리하였었느니라."

31—36절은 이렇습니다.

"네가 묘성을 매어 떨기 되게 하겠느냐 삼성의 띠를 풀겠느냐 네가 열두 궁성을 때를 따라 이끌어 내겠느냐 북두성과 그 속한 별들을 인도하겠느냐 네가 하늘의 법도를 아느냐 하늘로 그 권능을 땅에 베풀게 하겠느냐 네 소리를 구름에 올려 큰 물로 네게 덮이게 하겠느냐 네가 번개를 보내어 가게 하되 그것으로 네게 우리가 여기 있나이다 하게 하겠느냐 가슴 속의 지혜는 누가 준 것이냐 마음 속의 총명은 누가 준 것이냐."

42:1—6 말씀에는 욥이 하나님께 반응을 보입니다.

"욥이 여호와께 대답하여 가로되 주께서는 무소불능하시오며 무슨 경영이든지 못 이루실 것이 없는 줄 아오니 무지한 말로 이치를 가리우는 자가 누구니이까 내가 스스로 깨달을 수 없는 일을 말하였고 스스로 알 수 없고 헤아리기 어려운 일을 말하였나이다 내가 말하겠사오니 주여 들으시고 내가 주께 묻겠사오니 주여 내게 알게 하옵소서 내가 주께 대하여 귀로 듣기만 하였삽더니 이제는 눈으로 주를 뵈옵나이다 그러므로 내가 스스로 한하고 티끌과 재 가운데서 회개하나이다."

성경은 세상을 보는 눈을 아주 확고하게 해줍니다. 우리의 모든 질문들에 대해서 이해할 수 있는 틀을 줍니다. 그 틀은 하나님 아버지 자신에 관해서 이야기하는 것으로 시작하고 다음은 창조에 대해서, 그 다음에 타락에 대해서, 그리고 그리스도 안에서 구속을 이야기하고 나중에 올 영광까지 말하고 있습니다. 어떤 학문이든지 간에 이 틀(구조) 안에서 이해하려고 노력해야 합니다.

물론 가장 기본적인 학문은 지식에 관한 진리입니다. 우리가 지식을 어떻게 얻느냐, 어떤 지식을 가지는가 하는 문제를 하나님에게서부터 시작해 봅시다.

1. 하나님

간단히 말씀드리면, 하나님은 무한하시기 때문에 모든 것을 다 아신다고 할 수 있습니다. 시간적으로 볼 때 과거와 현재와 미래를 일목요연하게 볼 수 있는 분입니다. 그래서 다윗이 시편 139편은 하나님 앞에서 어디를 가든지 피할 수 없다고 합니다.

"여호와여 주께서 나를 감찰하시고 아셨나이다 주께서 나의 앉고 일어섬을 아시며 멀리서도 나의 생각을 통촉하시오며 나의 길과 눕는 것을 감찰하시며 나의 모든 행위를 익히 아시오니 여호와여 내 혀의 말을 알지 못하시는 것이 하나도 없으시니이다 주께서 나의 전후를 두르시며 내게 안수하셨나이다 이 지식이 내게 너무 기이하니 높아서 내가 능히 미치지 못하나이다 내가 주의 신을 떠나 어디로 가며 주의 앞에서 어디로 피하리이까 내가 하늘에 올라갈지라도 거기 계시며 음부에 내 자리를 펼지라도 거기 계시니이다 내가 새벽날개를 치며 바다 끝에 가서 거할지라도 곧 거기서도 주의 손이 나를 인도하시며 주의 오른손이 나를 붙드시리이다."

여기에서는 하나님의 완전한 지식에 대해서 고백합니다. 하나님의 지식은 완전합니다. 완전하다는 것은 어떠한 오류가 있을 수 없는 지식이고 세상에 있는 모든 지식은 하나도 빼놓지 않고 다 아신다는 것입니다.

하나님은 무한하실 뿐만 아니라 인격적이십니다. '인격적'이라고 말할 때 두 가지 뜻이 있습니다. 첫번째는 지식이 하나님께 소중하며 하나님의 지식은 하나님의 행위의 기초가 됩니다. 두번째로 하나님은 삼위의 하나님이기 때문에 그 지식을 삼위가 나누어 갖는다는 것입니다. 영원한 시간 안에서 하나님 아버지에게 세 분이 계시는데, 서로 교제하며 지식을 나눕니다. 성경에서는 하나님을 다른 말로 표현하는데 말씀으로 표현합니다. 헬라 어로는 '로고스'라고 합니다. 요한복음 1:1, 2은 이렇게 시작합니다.

"태초에 말씀이 계시니라 이 말씀이 하나님과 함께 계셨으니 이 말씀은 곧 하나님이시니라 그가 태초에 하나님과 함께 계셨고 만물이 그로 말미암아 지은 바 되었으니 지은 것이 하나도 그가 없이는 된 것이 없느니라."

여기서 재미있는 것은, 사도 요한이 예수님을 표현하기 위해 왜 로고스라는 것을 썼는가 하는 것입니다. 이것은 헬라 인에게나 유대인에게 의미 있는 단어입니다. 그래서 사도 요한은 이 단어를 사용함으로써 듣는 사람과의 사이에 다리를 놓고 있습니다. 왜냐하면 요한복음 1장을 읽는 유대인들은 "태초에 하나님이 천지를 창조하시니라…" 창세기를 연상하게 됩니다. 헬라 사람이 '로고스'라는 말을 쓰면, 천년 동안의 자기들의 역사를 연상하게 됩니다. 헬라 사람에게는 '로고스'라는 말이 우주질서의 기초가 되는 것입니다.

그런데 성경에서 로고스라는 말을 쓸 때는 하나님은 생각을 하고 이해를 하시는 분이라는 의미입니다. 하나님은 또 말씀으로 창조하신 분입니다. 하나님은 말씀으로 혼돈상태의 세상에 질서를 부여하고 말씀으로 구조를 질서 있게 하십니다. 그리고 하나님은 말씀으로 이 세상을 지탱하십니다. 또한 하나님이 말씀이라는 뜻은 자기 자신을 말씀으로 계시하시는 분이시고 삼위 가운데 서로 의사소통하시기 때문입니다. 또 피조물인 우리와도 교통하십니다.

2. 창조

하나님의 창조물은 하나님의 성품을 반영합니다. 바울은 로마서 1:20에서 이렇게 말합니다.

"창세로부터 그의 보이지 아니하는 것들, 곧 그의 영원하신 능력과 신성이 그 만드신 만물에 분명히 보여 알게 되나니 그러므로 저희가 핑계치 못할지니라."

하나님께서 지으신 자연계 속에 하나님의 영광이 들어있다고 합니다. 보이는 것이나 안 보이는 것들이 하나님의 성품을 우리에게 알려주고 있다고 하였습니다. 하나님께서 세상을 만드셨기 때문에 그 만드신 우주는 질서정연합니다.

아주 오래 전에 쓰여진 욥기를 읽어 보면 무척 흥미롭습니다. 욥은 하나님께서 만든 법칙대로 대우주가 돌아가도록 하셨다고 말합니다. 그 우주는 법칙, 소위 과학자들이 말하는 자연법칙대로 돌아가고 있습니다. 그렇다면 과학자들이 발견하는 자연법칙이라는 것을 하나님이 우주에 주신 법칙이라고 할 수 있습니다.

히브리서 1:3은 이렇게 말합니다.

"이는 하나님의 영광의 광채시요 그 본체의 형상이시라 그의 능력의 말씀으로 만물을 붙드시며 죄를 정결케 하는 일을 하시고 높은 곳에 계신 위엄의 우편에 앉으셨느니라."

그리스도께서 이 우주를 그의 능력의 말씀으로 지탱하신다고 하였습니다.

바울은 골로새서 1:16, 17에서 말합니다.

"만물이 그에게 창조되되 하늘과 땅에서 보이는 것들과 보이지 않는 것들과 혹은 보좌들이나 주관들이나 정사들이나 권세들이나 만물이 다 그로 말미암고 그를 위하여 창조되었고 또한 그가 만물보다 먼저 계시고 만물이 그 안에 함께 섰느니라.”

그리스도께서 모든 만물을 지탱하시고 그리스도 안에서 하나가 된다고 했습니다. 그리스도께서 질서정연하게 지어진 만물을 다스리십니다. 그가 이 세상을 파멸로부터 보호하십니다. 성경에서는 우주가 자체적으로 돌아간다고 하지 않고 그리스도께서 일일이 간섭해서 운행하신다고 합니다.

하나님께서는 우주를 창조하셨을 뿐만 아니라 인간을 만드셨습니다. 우리들은 하나님과 같은 점이 있는데, 그것은 우리가 인격적 존재라는 것입니다. 그러나 하나님은 무한하시지만 우리는 유한합니다. 또 우리가 하나님과 같이 생각하는 기능을 가집니다.

요한복음 1:4, 5에서 말합니다.

“그 안에 생명이 있었으니 이 생명은 사람들의 빛이라 빛이 어두움에 비취되 어두움이 깨닫지 못하더라.”

로고스이신 그리스도께서 우리의 빛이라고 합니다.

잠언 8:30-33을 보면,

“내가 그 곁에 있어서 창조자가 되어 날마다 그 기뻐하신 바가 되었으며 항상 그 앞에서 즐거워하였으며 사람이 거처할 땅에서 즐거워하며 인자들을 기뻐하였었느니라 아들들아 이제 내게 들으라 내 도를 지키는 자가 복이 있느니라 훈계를 들어서 지혜를 얻으라 그것을 버리지 말라.”

하나님께서 지혜를 우리에게 넣어 주시기를 기뻐하셨다고 합니다. 그리스도께서는 큰 말씀이시고, 우리는 작은 말씀이라고 표현할 수 있습니다. 하나님께서 우리를 그렇게 만드셔서 세상과 자신이 통하도록 만드셨습니다.

이 통하는, 즉 내적 질서라고 말할 수 있는 면이 생긴 것은 두 가지 이유에서입니다. 그 첫번째 이유는 우리도 세상으로부터 나와서 만들어졌기 때문입니다. 세상의 일부입니다. 세상이 물질적인 것처럼 우리도 물질적입니다. 그런 점에서 세상과 관련이 있는 것입니다. 그렇기 때문에 우리도 피조계에 속해 있는 존재라는 것입니다. 그래서 아시시의 프란체스코 성자는 '나의 형제 태양이여, 나의 누이 달이여'라고 했는데, 이 말은 우리가 물질세상의 일부라는 뜻입니다.

그리고 두번째로 자연과 연속성이 있다는 것은 하나님과 비슷하게 만들어졌다는 것입니다. 우리는 작은 말씀입니다. 하나님께서 우리에게 말씀하시는 것처럼 우리도 서상에 말합니다. 우리가 하나님께서 우리에게 반성하는 기능, 세상에 대해 생각하는 기능을 주셨습니다. 우리는 피조물이지만 하나님과 같이 어느 정도 창조할 수 있다는 것입니다. 상상력을 발휘해서 창조할 수 있고, 하나님이 만드신 물질세계를 가지고 새로운 창조가 가능합니다. 모든 학문과 예술과 과학은 이러한 인간의 창조능력에 의해 탄생했다고 할 수 있습니다.

또한 작은 말씀들로써 세상에 질서를 부여할 수 있습니다. 다시 말씀드리면, 우리가 세상의 모든 물건들에 이름을 붙입니다. 아담과 하와가 처음에, 히브리 사람들의 사고방식에 따르면, 어떤 사람이나 물건에 이름을 붙이는 것은 그 자체의 본질을 이해한 것이라고 할 수 있습니다. 그래서 이름을 줄 수 있다는 것은 위치와 본질을 이해하는 것입니다.

하나님께서 이 세상을 유지하신 것과 마찬가지로 우리도 작은 말씀으로 세상을 유지하고 가꾸어야 합니다. 하나님께서 이 세상을 질서 있게 만드신 것과 같이 우리도 질서 있게 이 세상을 다스려야 합니다. 우리가 세상을 무질서하게 다스린다는 것은 하나님의 본래 뜻에 어긋나는 행위입니다. 그리고 우리는 작은 말씀으로서 우리가 아는 것을 다른 사람에게 알려주는 역할을 가지고 있습니다. 그와 더불어 또한 언어로 의사소통할 수 있는 기능도 받았습니다. 우리 사이에서 교통할 수 있는 기능과 창조주에게 말할 수 있는 기능이 있다는 말입니다.

촘스키라는 언어학자, 그는 하나님을 믿지 않는 사람이지만 언어라는 것이 인간됨에 있어서 가장 중요한 요소 중의 하나라고 합니다. 바로 지난 주에 한 언어철학자의 생각을 들을 기회가 있었는데 그는 아기가 날 때부터 두뇌에 언어를 가지고 있다고 하였습니다. 여러분이 어린아이들을 관찰하여 보면, 사물에 이름을 지어주는 것을 볼 수 있습니다. 그들은 이름을 지어주고 기뻐합니다. 이름을 줌으로써 물건이나 동물의 본질을 알게 되는 것입니다. 세 살 난 아이도 문법을 이미 이해하고 있습니다. 세 살 난 어린아이가 자기가 들어 보지 못한 것을 문법적인 언어로 표현하는 것을 볼 수 있습니다. 우리가 말씀으로 하나님같이 지음 받았다는 것은 우리가 세상을 다스리는 기능을 가졌다는 뜻입니다.

시편 8편에서 인간의 영광을 표현하고 있습니다. 1,2절은 하나님의 영광을 말하고 있습니다.

"여호와 우리 주여 주의 이름이 온 땅에 어찌 그리 아름다운지요 주의 영광을 하늘 위에 두셨나이다 주의 대적을 인하여 어린아이와 젖먹이의 입으로 말미암아 권능을 세우심이여 이는 원수와 보수자로 잠잠케 하려 하심이니이다."

그리고 시편기자는 3,4절에서 질문을 합니다.

"주의 손가락으로 만드신 주의 하늘과 주의 베풀어 두신 달과 별들을 내가 보오니 사람이 무엇이관대 주께서 저를 권고하시나이까."

우리가 성경을 잘못 해석했다면 이 질문에 대해 부정적인 대답밖에 할 수 없습니다. 인간은 가치없는 죄인에 불과하다고 대답할 수 있을 것입니다. 그러나 여기 시편에서는 그렇게 말하지 않습니다. 인간은 하나님보다 작지만 하나님이 존귀하게 하신 존재라고 말합니다. 만물을 우리에게 맡길 만큼 귀한 존재라고 말합니다. 그렇기 때문에 작은 말씀들을 성경에서 '큰 영광'으로 표현하고 있습니다.

우리의 다스림이 성실하게 이루어지면 자연을 발전시키고 이름을 붙이는 행위를 계속하게 될 것입니다. 그래서 문화라는 것은 인간이 가진 다스리는 기능의 결과라고 볼 수 있습니다. 예술과 과학, 이런 모든 것들이 우리가 갖고 있는 세상에 대한 다스림과 지식의 결과입니다.

인간이 피조물이라는 것을 생각할 때 지식은 유한한 것입니다. 우리 자신이 유한하기 때문입니다. 타락 전 남녀, 아담과 하와는 온전한 지식을 가졌다고 할 수는 있지만 그것이 무한한 것은 아니었습니다.

3. 타락

우리가 하나님께 반항을 함으로써 모든 것이 다 퇴폐화되고 망가졌습니다. 아담과 하와가 죄를 짓고 우리도 아담 안에서 죄인이 되었는데 거기서 인간성이 타락했습니다. 우리 지식에 관해서 생각해 보면, 지식도 죄로 말미암아 곁길로 갔습니다. 우리는 로마서를 통해 우리의 지식이 죄에 의해 어떻게 죄로 영향을 받았는가를 알 수 있습니다. 로마서 1:28을 봅시다.

"또한 저희가 마음에 하나님 두기를 싫어하매 하나님께서 저희를 그 상실한 마음대로 내어버려 두사 합당치 못한 일을 하게 하셨으니."

우리의 지식이 죄로 말미암아 나쁜 영향을 받은 이유는 하나님을 우리 마음에 두기 싫어했기 때문입니다. 사도 바울은 인간이 하나님의 말씀을 거부하기 때문에 우리 마음대로 생각하도록 내버려 두었다고 합니다. 하나님은 모든 지식의 근원이신데, 우리가 지식을 추구하는데 하나님을 중심에 두지 않으면 여러 가지 결과가 나옵니다. 하나님을 거부하고 믿지 않는 것이 우리의 생각에 큰 영향을 미칩니다. 이 구절에서 바울은 여러 가지 다른 방법으로 표현합니다.

"하나님의 진노가 불의로 진리를 막는 사람들의 모든 경건치 않음과 불의에 대하여 하늘로 좇아 나타나나니"(롬 1:18).

사람들은 진리를 막고 압박한다고 했습니다.

"창세로부터 그의 보이지 아니하는 것들 곧 그의 영원하신 능력과 신성이 그 만드신 만물에 분명히 보여 알게 되나니 그러므로 저희가 핑계치 못할지니라"(롬 1:20).

인간들은 분명히 볼 수 있는 것을 막음으로써 사람이 핑계할 수 없다고 합니다.

"하나님을 알되 하나님으로 영화롭게도 아니하며 감사치도 아니하고 오히려 그 생각이 허망하여지며 미련한 마음이 어두워졌나니"(롬 1:21).

이미 알려진 것도 우리가 참된지식을 거부하기 때문에 우리가 바보가 된다고 합니다.

"스스로 지혜 있다 하나 우준하게 되어"(롬 1:22).

지혜있는 사람으로 산다고 하나 하나님 보시기에는 바보로 산다는 것입니다.

"이는 저희가 하나님의 진리를 거짓 것으로 바꾸어 피조물을 조물주보다 더 경배하고 섬김이라 주는 곧 영원히 찬송할 이시로다 아멘"(롬 1:25).

진리를 거짓으로 바꾸어서 살고 있다고 합니다.

하나님을 우리 생각 밖으로 소외시킨다면, 우리가 생각하는 과정에서 다양한 실수를 저지를 수 있습니다. 하나님께서 우리에게 주신 지식을 두 가지로 나눌 수 있는데, 일반계시와 성경에 보여 주신 특별계시입니다. 하나님을 거부하면 우리의 지식에 큰 구멍이 생깁니다. 세상에 나타난 일반계시로부터 얻는 지식을 하나님 없이 받으면 크게 잘못됩니다. 성경에서는 자연이 분명히 우리에게 말해 주는 것은 하나님의 계시라고 합니다. 시편 19:1-8에서 이렇게 말합니다.

"하늘이 하나님의 영광을 선포하고 궁창이 그 손으로 하신 일을 나타내는도다 날은 날에게 말하고 밤은 밤에게 지식을 전하니 언어가 없고 들리는 소리도 없으나 그 소리가 온 땅에 통하고 그 말씀이 세계 끝까지 이르도다 하나님이 헤를 위하여 하늘에 장막을 베푸셨도다 해는 그 방에서 나오는 신랑과 같고 그 길을 달리기 기뻐하는 장사 같아서 하늘 이 끝에서 나와서 하늘 저 끝까지 운행함이여 그 온기에서 피하여 숨은 자 없도다 여호와의 율법은 완전하여 영혼을 소성케 하고 여호와의 증거는 확실하여 우둔한 자로 지혜롭게 하며 여호와의 교훈은 정직하여 마음을 기쁘게 하고 여호와의 계명은 순결하여 눈을 밝게 하도다."

첫째로 하나님을 거부하게 되면 우리 지식은 많은 오류를 범하게 됩니다.

둘째로 우리의 지식이 잘못된 이유는 우상을 섬기기 때문입니다. 그것은 다른 말로 하면 현실에 관해서 거짓을 믿는다는 것입니다. 그 결과로 다른 지식도 영향을 받습니다. 우리가 세상에 관해 가지고 있는 지식은 다른 영역에서도 영향력을 발휘합니다. 결국 세상을 비뚤게 보는 결과를 가지고 옵니다. 우상숭배로 말미암은 실제적인 결과를 다시 생각해 봅시다. 돈이나 직장에 대한 생각이 잘못되어 있으면 다른 방면에도 오류를 가지고 올 수 있습니다.

셋째는 교만입니다. 하나님을 거부하면 우둔한데도 불구하고 우리가 지혜롭다고 주장할 수 있습니다. 교만은 지식을 갖는 데 가장 근본적인 방해가 됩니다. 모르면서도 안다고 착각하고 있을 때 많은 오류를 범하게 됩니다. 우리의 교만은 사물을 올바로 보지 못하게 하고, 결과적으로 죄를 범하게 됩니다. 예를 들자면, 간음을 하는 남편이 고집을 부려 계속해서 간음을 하면서 사는데 그 결과로 그 사람은 자기 가족에게는 어떤 해로운 일이 일어나는지 보지 못하는 장님이 됩니다. 그래서 교만도 우리의 지식에 영향을 준다는 것입니다.

그리고 넷째로 문화적인 편견입니다. 모든 문화적인 인간은 우리가 죄인이기 때문에 잘못 보는 경향이 있습니다. 우리가 세상을 보는 안경이 선글라스같이 어둡다는 것입니다. 이 문화의 편견에 의해서 잘못된 것을 우리는 분명하게 알지 못하고 넘어가기 일쑤입니다. 우리가 살고 있는 문화권에 있는 돈에 대해서 생각해 보면, 분명히 돈에 대해 잘 생각하기가 어렵습니다. 행복과 돈이 꼭 관계 있는 것은 아니라고 생각하면서도 계속해서 돈을 추구하면서 살게 됩니다. 그래서 문화의 편견이 누적되고 누적되어 진실을 진실로 보지 못하게 되는 것입니다.

예를 들어서 한국의 권위적이고 수직적인 사회계층을 생각해 봅시다. 그런 문화적인 편견 때문에 성경에서 인간관계를 어떻게 가지라고 말씀하고 있는지를 보지 못하게 됩니다.

그러면 우리가 타락하고 죄가 있다고 해서 지식을 가지지 못하느냐 하면 그런 것은 아닙니다. 우리가 완전하지 못하지만 지식을 가질 수 있는데, 그 첫번째 이유는 하나님께서 우리를 사랑하시고 세상을 버리지 않으셨기 때문입니다. 하나님은 아직도 유지하시고 간섭하십니다. 창세기 8장에 나오는 노아의 홍수기사를 보면 하나님이 계약을 맺으십니다. 노아하고만 언약을 맺는 것이 아니고 만드신 모든 피조물과 언약을 맺습니다. 우리가 살고 있는 피조물, 이 우주도 타락을 해서 영향을 받았지만 완전히 파괴되지 않고 아직도 질서가 있습니다.

두번째로 하나님은 인간을 완전히 버리지 않으셨습니다. 하나님을 믿는 사람들뿐만 아니라 세상의 모든 인류와 언약을 맺으셨습니다. 시편 104, 105편에서도 모든 인류를 아직도 사랑하시고 돌보신다고 말하고 있습니다.

바울은 루스드라 설교에서 이렇게 말합니다.

"가로되 여러분이여 어찌하여 이러한 일을 하느냐 우리도 너희와 같은 성정을 가진 사람이라 너희에게 복음을 전하는 것은 이 헛된 일을 버리고 천지와 바다와 그 가운데 만유를 지으시고 살아계신 하나님께로 돌아오라 함이라 하나님이 지나간 세대에는 모든 족속으로 자기의 길들을 다니게 묵인하셨으나 그러나 자기를 증거하지 아니하신 것이 아니니 곧 너희에게 하늘로서 비를 내리시며 결실기를 주시는 선한 일을 하사 음식과 기쁨으로 너희 마음에 만족케 하셨느니라 하고"(행 14:15-17).

때에 맞게 눈과 비를 내려주셔서 농사를 짓게 하고 음식과 기쁨을 준다고 합니다. 하나님의 지혜도 모든 인류에게 주어졌다고 합니다.

"지혜가 부르지 아니하느냐 명철이 소리를 높이지 아니하느냐 그가 길가의 높은 곳과 사거리에 서며 성문 곁과 문 어귀와 여러 출입하는 문에서 불러 가로되 사람들아 내가 너희를 부르며 내가 인자들에게 소리를 높이노라."

지혜가 목소리를 높여서 모든 인간을 향해 외치고 있다고 합니다.

"나로 말미암아 왕들이 치리하며 방백들이 공의를 세우며 나로 말미암아 재상과 존귀한 자 곧 세상의 모든 재판관들이 다스리느니라"(잠 8:15, 16).

모든 왕들은 하나님의 지혜를 가지고 다스린다고 합니다. 하나님의 지혜 때문에 모든 민족들에게 정의로운 법이 존재한다고 합니다. 어떻게 다스린다고 정해 놓은 법이 있을 수 있습니다.

세번째로 아직도 우리는 하나님의 형상을 가지고 있습니다. 타락으로 말미암아 하나님의 형상이 이그러졌지만 완전히 없어진 것은 아닙니다. 그렇기 때문에 참된 지식은 아직도 가능합니다.

4. 구속

그리스도는 이 세상에 오셔서 타락으로 인해 왜곡된 모든 것을 회복하셨습니다. 그중에 하나는 우리의 지식입니다. 골로새서 3:4, 10을 봅시다.

"우리 생명이신 그리스도께서 나타나실 그때에 너희도 그와 함께 영광 중에 나타나리라."

"새 사람을 입었으니 이는 자기를 창조하신 자의 형상을 좇아 지식에까지 새롭게 하심을 받는 자니라."

창조주의 형상대로 우리의 지식을 새롭게 한다고 합니다. 내가 예수를 믿게 되면 하나님께 머리를 숙이고 하나님이 나의 지식의 근원이라고 인정하게 됩니다. 우리가 그리스도를 믿을 때에 우리 마음과 의지를 주님께 바쳐서 하나님의 지식 안으로 들어가게 됩니다. 많은 사람들이 그리스도를 믿고 따름으로써 새로운 지식을 가지게 되면 개인적으로든, 문화적으로든 큰 영향을 미치게 됩니다.

우리가 현대역사를 살펴볼 때 종교개혁으로 말미암아 현대과학이 발달했다는 것은 분명합니다. 그 이유는 하나님께서 질서 있는 세상을 만드시고 우리는 세상을 이해할 수 있는 기능을 가지고 있기 때문입니다. 과학이라는 것은 정령숭배나 인도의 힌두교에서는 있을 수 없습니다. 과학이 과학이 되려면 세상의 어떤 것을 믿어야만 한다는 조건이 따릅니다. 예수 그리스도를 받아들였다고 해서 갑자기 모든 것을 깨닫고 모든 지식을 가질 수 없습니다.

그 이유는 첫째로, 우리가 유한하기 때문입니다. 유한하다는 것은 우리가 지식을 가지려면 열심히 연구하는 과정이 필연적이라는 것입니다. 우리가 세상에 대한 지식을 얻으려면 꾸준히 일하고 연구해야 합니다. 중생한다는 것은 인간성을 무시하는 것이 아닙니다. 중생으로 말미암아 우리 인간성이 서로워집니다. 그것은 이런 것을 뜻하기도 합니다. 하나님을 안 믿는 사람이 하나님을 믿는 사람보다도 더 많은 지식을 가질 수 있다는 것입니다.

제가 만약 예수를 믿는다고 해서 "나는 세상의 지식이 필요없다"고 하면 아무 지식도 가질 수 없습니다. 그리스도인은 모든 지식이 중요하다고 생각해야 합니다. 왜냐하면 모든 지식은 하나님께로부터 오기 때문입니다. 모든 지식은 하나님이 직접 우리에게 주신 특별계시 혹은 자연으로부터 얻는 것입니다. 누가 어떻게 공부해서 그 지식을 얻든지 간에 모든 지식은 하나님의 지식입니다. 모든 진리는 누가 찾든지 하나님의 진리입니다. 심리학이나 수학이나 천문학이나 다 하나님께 영광을 돌려야 합니다. 지식이라는 것은 단지 하나님께서 세상을 만드시고 유지하시고 타락한 인간이 어떻게 망가지는가를 연구하는 것입니다.

그리고 자연계에 일반은총으로 주신 지식은 특별계시인 성경을 잘못 해석하는 데 오히려 도움을 주고 있습니다. 하나님을 믿는 사람이 지식을 발견했든지 그렇지 않든지 간에 세 가지 예를 들 수가 있습니다.

구약 모세의 법에 암소의 젖에 송아지를 삶지 말라는 말이 있습니다. 처음에는 이해하기 어려웠지만 하나님을 믿지 않는 고고학자들이 이스라엘 주변을 연구하는 과정에서 그것을 알아냈습니다.

그것은 이방인들이 제사를 지내는 법이었기 때문에 그렇게 하지 말라고 했던 것이었습니다.

또 바울은 여자들이 머리를 따아서 거기에 금을 달지 말라고 합니다. 그것은 바울 당시에 고급 창녀들이 그렇게 머리를 따고 다녔기 때문이었습니다. 사도 바울이 아덴에서 하는 설교를 사도행전 17장에서 보면, 이방인들의 시를 인용하면서 '알지 못하는 신에게'라는 말을 하고 있는 것을 볼 수 있습니다. 바울은 왜 자기가 그런 말을 했는지 알지만 우리는 모릅니다. 그 당시의 역사적인 자료를 살펴보면 전염병(페스트)에 대한 것이 있습니다. 어떤 현인이 어떤 섬에 있는 알지 못하는 신에게 가서 제사를 드리라고 말했다고 합니다. 여기에서 안 믿는 사람들의 연구결과에 의해 우리가 성경을 더 잘 알게 된다는 것을 말씀드리고 싶습니다.

우리의 지식이 유한하고 온전하지 못한 이유는 우리의 교만 때문입니다. 겸손은 우리가 참지식을 얻는데 반드시 필요한 것입니다. 예수님께서는 요한복음 9:39에서 말씀하십니다.

"예수께서 가라사대 내가 심판하러 이 세상에 왔으니 보지 못하는 자들은 보게 하고 보는 자들은 소경되게 하려 함이라 하시니."

너희가 본다고 하는 한 너는 장님이고 보지 못한다고 할 때 너희는 볼 수 있다고 합니다. 고린도전서 8:1-2에서 바울은 이렇게 말합니다.

"우상의 제물에 대하여는 우리가 다 지식이 있는 줄을 아나 지식은 교만하게 하며 사랑은 덕을 세우나니 만일 누구든지 무엇을 아는 줄로 생각하면 아직도 마땅히 알 것을 알지 못하는 것이요."

지식은 우리를 교만하게 하고 사랑은 우리를 알게 한다고 합니다. 겸손은 어떠한 지식에도 필요한 것입니다. 하나님에 관해서 알려고 할 때에도 겸손하게 하나님께 나아가야 합니다. 구도의 길을 걷고 있는 사람들에게도 '내가 생각하고 있는 것이 틀릴지도 모른다'는 겸허한 마음이 필요합니다.

어떤 사람을 만났을 때, 첫인상으로 판단하는 경우가 있는데 그 것으로 그 사람에 대한 평가를 끝내지 말고 더 알아가려는 겸손한 마음이 있어야 합니다. 과학하는 사람드 마찬가지입니다. 자연을 연구할 때에도 하나님이 만드신 자연계를 겸손하게 대해야 합니 다. 마찬가지로 또 다른 동료과학자들이 발견해 낸 것도 겸허하게 인정해야 합니다.

그런데 안 믿는 과학자들이 믿는 과학자들보다 더 겸손한 것을 발견할 때가 있습니다. 교만이라는 것은 하나님을 아는 지식에도 있을 수 있습니다. 그것이 바로 바리새적인 것인데, 바리새 인들 이 너무나 확실하게만 믿고 있기 때문에 예수님을 보지 못했습니 다. 그것을 현대에 적용해 보면, 하나님을 믿는 과학자들이 너무 나 높아져 있어서 안 믿는 학자들의 이론을 무시하는 수도 있습니 다. 겸손은 지식을 얻는 데 가장 중요한 것입니다.

셋째, 은사에 관한 것입니다. 우리가 지식을 아는 데 있어서 여 러 가지 다른 재능이 있다는 것입니다. 예를 들자면, 제 아내는 음악가인데 저는 도저히 따라가지 못할 정도입니다. 제 아내는 악 보를 읽으면서 악보에 조금 다르게 음이 나오는 것이 고통스럽다 고 합니다. 우리 나무에 대해서도 동물을 아는 데 있어서도 여러 가지 은사가 있습니다. 또한 수학에 재능이 있다든가, 어떤 학문 에서는 아무리 노력해도 보통 수준도 되지 못하는 것이 있습니다.

그리고 지식에서 또 하나 중요한 것은 상상력입니다. 아주 유명 한 과학자들은 상상력도 가지고 있다는 것입니다. 예를 들면, 과 학자는 하나님이 지으신 자연계에 놀라운 영광이 있다는 것을 드 러냅니다. 아주 중요한 것들을 발견하는 과학자들은 상상력이 뛰 어나기 때문입니다. 그래서 예술과 창작과 과학은 상호 깊은 연관 이 있는 것입니다.

아인슈타인을 예로 들자면 유명한 과학자이면서 음악가였습니다. 플라톤은 논리학자였지만 언어학도 좋아했습니다. 우리가 가지고 있는 지식은 온전하지 못하고 유한한 것입니다.

5. 하나님의 영광

우리가 완전한 지식을 가질 때가 올 것입니다. 바울은 고전 13:12에서 말합니다.

"우리가 이제는 거울로 보는 것같이 희미하나 그때에는 얼굴과 얼굴을 대하여 볼 것이요 이제는 내가 부분적으로 아나 그때에는 주께서 나를 아신 것같이 내가 온전히 알리라."

지금은 우리가 부분적으로 알지만 나중에는 완전하게 알 것이라고 합니다. 지금은 우리가 거울을 통해 어렴풋이 보지만 그때는 얼굴을 맞대고 보는 것처럼 분명하고 또렷할 것이라고 합니다.

하나님께서 우리에게 주신 성경말씀도 우리가 완전하게 이해하지 못한다면 세상에 관한 지식에도 우리는 유한한 지식밖에 없다는 것을 알게 됩니다. 그리스도와 얼굴을 맞댈 때에는 온전한 지식을 가질 수 있습니다. 우리가 얼굴을 맞대고 볼 때 완전한 지식을 갖는다는 말입니까? 그것은 아닙니다. 그때에도 우리가 유한하기 때문에 오류는 없을지라도 완전한 지식은 가지지 못합니다. 우리는 유한하기 때문에 아무리 노력해도 무한한 하나님의 지식을 가질 수 없습니다. 우리는 영원히 피조물을 연구해야 합니다. 우리는 다른 사람의 영광을 완전히 알 수 없습니다.

만물의 존재양식에 부합하는 기독교

여기서는 '기독교는 존재하는 모든 것의 참이다', '기독교는 만물의 존재양식에 부합하는 진리이다'에 대해서 말씀드리겠습니다. 기독교가 진리라면, 우리 주변에 있는 사람들에게 선포해야 할 진리는 무엇입니까? 그들의 이성과 마음과 상상력을 표현해낼 수 있는 진리가 무엇입니까?

우주의 존재에 대한 이해

제가 여기에서 주제에 접근하는 방법은 우리가 생각할 수 있는 가장 기본적인 진리에 대한 것, 원리에 대한 것입니다. 이 질문들은 철학적이거나 학문적인 것이 아니라 긴격적이고 개인적인 것입니다. 혹은 '내가 왜 그리스도인이 되었는가?'라는 질문에 대한 답이라고 할 수도 있을 것입니다.

저는 비기독교가정에서 자랐습니다. 대학에 다닐 때에는 인생이 무의미하다고 생각하면서 보내기도 했습니다. 그래서 또한 이 시간은 제가 어떻게 그리스도를 믿게 되었는가를 말하는 시간이 될 수도 있습니다. 즉 '내가 왜 그리스도인이 되었는가?', '만물은 어디서 왔는가?', '만물은 어떤 존재의미가 있는가?', '나는 누구인가?', '인간의 의미는 무엇인가?' 등의 질문입니다. 동시에 '선과 악을 구분할 수 있는가?' '왜 이 세상에 모든 인간들이 고통과 고난을 경험하며, 이 고난과 고통을 어떻게 설명할 수 있는가?' 도 여기에 포함됩니다.

제 친구 중에 친척이 암으로 돌아가실 지경에 있는데, 마음속으로 이 고통과 고난에 대해 질문을 하고 있을지도 모릅니다. 그리고 사실 성경에 보면 욥이 그러한 질문을 갖고 고민하며 고통스러워했습니다. 삶에 존재하는 고통을 무엇이라고 할 수 있습니까?, 그러한 고통과 고난에 대한 해결책이 있습니까? 이러한 질문들은 내가 예수를 믿지 않을 때, 저를 괴롭히는 질문이었습니다.

제가 그리스도인이 된 이유는 이러한 질문에 대한 해답이 기독교에 있었기 때문입니다. 이 해답이 성경에 있다는 이유에서입니다. 이러한 질문에 대한 정서를 이렇게 표현할 수 있습니다. 우리가 살고 있는 우주는 손과 같다고 할 수 있습니다. 그리고 성경은 그 손에 꼭 맞는 장갑입니다. 즉 성경이 만물의 실존에 대해서 모양이 꼭 맞고 우리 실존에도 꼭 맞다는 사실을 성경이 말하고 있습니다. 그리고 그것이 바로 내가 전하려고 하는 성경적 세계관이라고 하는 것입니다. 그래서 이런 장갑에 있는 손가락의 의미는 무엇이겠습니까? 장갑은 다섯 손가락밖에 없지만 일곱 가지로 말하도록 하겠습니다.

그리고 우리가 복음을 전달하려고 할 때 그 전하려는 것이 바로 선포하려는 진리라는 확신을 가지고 있어야 합니다. 지금 이야기하려고 하는 것은 기독교인이 믿는 신조를 다르게 표현하려고 하는 것입니다. 그래서 우리가 만약 '당신이 믿는 것이 무엇입니까?' 라는 질문을 받는다면 다음과 같이 대답할 수 있습니다.

1. 이 우주는 창조된 것이다

우리는 창조된 우주에 살고 있습니다. 우리가 살고 있는 이 세상은 우연히 만들어진 것이 아니라 창조된 것입니다. 세속적인 사고를 하는 사람들은 이 세상은 우연히 만들어졌다고 합니다. 어떤 프랑스 화학자는 그렇게 말합니다. 우주가 존재하기 이전에는 그 무엇이 존재할 기회가 없었다고 합니다. 우주의 존재를 설명할 수 있는 것은 우연이라는 것입니다. 우리 인생은 마치 게임을 해서 이기려고 하는 것처럼, 우리의 인생 역시 이기려고 하는 것이라고 합니다.

그러나 최근의 많은 물리학자나 천문학자는 우주는 우연히 생성된 것이 아니라고 말합니다. 호킹 박사가 쓴 책에서도 우주는 우연히 생긴 것이 아니라고 합니다. 우리가 살고 있는 우주를 살펴보면, 우주는 정확한 질서에 의해서 돌아가고 있다는 것을 알게 됩니다. 그래서 우주의 기원을 설명하는데, 우연은 우주의 존재에 맞지 않는 설명의 메커니즘입니다. 인생을 우연으로 설명하는 것은 적절한 방법이 아닙니다.

우리가 우주의 기기묘묘한 것을 우연이라고 할 수 있겠습니까? 하늘의 별이나 꽃 같은 것을 우연이라고 말할 수 없습니다. 성경은 창조라고 말합니다. 우리가 보는 만물이 아름답고 질서 있게 움직이고 존재하는 모든 것들은 하나님의 손에 의해 창조되었다는 것입니다. 우리가 보고 있는 모든 만물은 아주 정확하게 창조되었습니다.

2. 우주는 이성적인 것이다

우리가 이야기하는 하나님은 로고스, 즉 이성적 존재이신 하나님입니다. 하나님은 어제나 오늘이나 내일이나 동일하게 생각하시는 분입니다. 하나님은 이 우주를 일정한 질서와 방법과 패턴을 통해서 정확하게 만든 건축가이십니다. 그리고 그분은 우리도 그런 존재로 만드셨기 때문에 우리가 이 세상을 이해하게 만드셨습니다. 과학자들이 그들의 이성을 통해서 우주가 비이성적이라고 말하는 것은 가당치도 않은 이야기입니다. 우주는 이성적이고 조화롭고 합리적으로 존재하는 것이지 우연히 존재하는 것이 아닙니다.

〈쥬라기 공원〉이라는 영화는 우연의 논리로 설명하고 있는데 사실은 그 책 속에는 혼돈의 이론에 대한 논의가 숨겨져 있습니다. 그러나 우리가 살고 있는 이 세상은 살아가기에 충분한 가치가 있는 이성적이고 합리적인 세상입니다. 만약 이 세상이 질서에 따라 움직이지 않는다면, 여러분은 차를 타고 서울로 가지 못하실 것입니다. 혹은 내일 아침에 태양이 뜨지 않을지도 모릅니다. 차가 앞으로 갔다가 뒤로 갔다가 할 것입니다.

그러나 하나님께서 이 세상을 창조하시고 언약을 만드셨습니다. 그래서 태양이 뜨고 봄과 여름과 가을과 겨울이 옵니다. 이렇게 합리적인 세상입니다. 이것은 세상이 보여주고 있는 것입니다.

시편 19편에서 이것을 아주 아름답게 표현하고 있습니다.

"하늘이 하나님의 영광을 선포하고 궁창이 그 손으로 하신 일을 나타내는도다 날은 날에게 말하고 밤은 밤에게 지식을 전하니 언어가 없고 들리는 소리도 없으나 그 소리가 온 땅에 통하고 그 말씀이 세계 끝까지 이르도다 하나님이 해를 위하여 하늘에 장막을 베푸셨도다 해는 그 방에서 나오는 신랑과 같고 그 길을 달리기 기뻐하는 장사 같아서 하늘 이 끝에서 나와서 하늘 저 끝까지 운행함이여 그 온기에서 피하여 숨은 자 없도다."

3. 우주는 의사소통하고 있다

우리의 우주가 하나님으로 말미암아 아주 영광스럽고 질서있게 창조되었기 때문에 그 만물이 우리에게 말하고 있다고 합니다. 우리가 살고 있는 이 우주는 서로 이해하고 알아갈 수 있는 존재라는 것입니다. 우주만물은 침묵하고 있는 것이 아니라 의사소통할 수 있습니다. 하나님께서 말씀으로 창조하시고, 드러내시고, 의사소통하십니다. 그래서 우리는 모든 언어가 바로 하나님으로부터 출발했다고 할 수 있는 것입니다. 이것은 단순히 우리가 하나님으로부터 의사소통할 수 있는 존재로 지어졌기 때문에 말을 하는 것이 아니라 하나님처럼 만들어졌기 때문에 질서를 만들어 가고 말을 할 수 있다는 것입니다.

나아가서, 언어의 의미도 하나님께토부터 왔다는 사실입니다. 우리가 아버지라는 말이 의미하는 바를 어떻게 알 수 있습니까? 그것은 하나님이 아버지 되시기에 우리가 그 의미를 알 수 있습니다. 또 하나님이 의로우신 재판장이시기 때문에 의를 알 수 있습니다. 사랑의 진정한 의미도 하나님은 사랑이시기 때문에 우리가 알 수 있습니다.

우리는 이렇게 의사소통하는 우주 안에 살고 있습니다. 하나님은 말씀하셨고, 계속 말씀하십니다. 그리고 하나님은 말씀을 통해 우리에게 자신을 드러내셨습니다. 이러한 사실을 인정하지 않는 자유주의신학은 어려움을 겪습니다. 그들은 성경을 통해 말씀하시는 하나님을 부인하기 때문입니다.

우리는 인간관계에서 의사소통을 찾아볼 수 있습니다. 인간 사이의 의사소통을 통해서도 하나님이 우리를 어떻게 만드셨는가를 알 수 있습니다. 포스트모더니즘은 인간과 인간 사이에 어떤 의사소통도 가능하지 않다고 합니다. 그래서 진정으로 이해할 수 없다고 합니다. 포스트모더니즘이 어떤 단어나 사실도 전달하지 못한다면, 그렇게 하지 못한다는 말은 어떻게 전달합니까? 그들은 우리가 피차 이해하지 못하고 의사소통하지 못하는 존재라고 합니다. 이렇게 하나님이 가르치는 것과 정반대 되는 가르침을 말하는 사람들이 많이 있습니다.

4. 우주는 인격적이다

서구의 물질주의사상들은 이 세계는 물질로 구성되어 있다고 하면서 물질 이외의 실존은 존재하지 않는다고 합니다. 물질과 더불어 에너지만 존재한다고 합니다. 이 에너지가 존재하는 것의 근원이라고 합니다. 또한 서구사상은 인간이라는 것은 물질이 복잡하게 구성되어 만들어진 존재라고 합니다. 또한 그들은 두뇌를 컴퓨터와 같다고 말합니다. 여러분의 존재 자체도 화학적 합성이라고 합니다.

힌두교나 불교도 우주는 비인격적인 존재라고 합니다. 그리고 인격적이라고 하는 것은 허상에 불과하다고 합니다. 우리가 인격적이라고 하는 것은 우리에게 어울리지 않는 말이라고 합니다. 그래서 이 우주에 존재할 만한 것이 아니라고 합니다. 그래서 인간으로 존재한다는 것은 존재하지 않는다는 것을 경험하는 것이라고 합니다. 힌두교 사람들이 쓴 책들을 읽어 보면, 이런 사상이 들어 있습니다. 인간만 인격적으로 존재하면서 다른 것은 존재하지 않는다고 합니다.

기독교는 궁극적인 인격적 존재는 하나님이 그 기원이라고 합니다. 만물이 존재하기 전에 삼위일체이신 하나님이 먼저 존재하셨다고 합니다. 세상이 창조되기 전에 삼위 하나님의 교제가 있었다고 했습니다. 요한복음 7장에서, 예수님은 하나님이 세상을 만드시기 전에 예수님 자신을 사랑하셨다고 합니다. 이런 인격적 하나님이 존재하시기에 인격적인 우리가 존재합니다. 천사와 같은 영적인 존재도 인격적인 존재이면서 우리와 같이 하나님을 사랑하고 하나님의 형상대로 만들어졌다는 것입니다.

성경에서는 인간과 인간이 사랑하는 모습을 동물학적이고 생물학적인 반응이라고 하지 않습니다. 우리 인간은 서로 사랑하고 하나님을 사랑하도록 만들어졌습니다. 우리가 알고 있는 두 가지 계명, 즉 하나님을 사랑하고 네 이웃을 사랑하라는 계명은 인간의 존재이유를 보여주는 것입니다. 너희 힘과 마음과 정성을 다하여 하나님을 사랑하고 이웃을 사랑하는 것이 존재이유라는 것입니다. 우리가 사람을 사랑하고 인격적인 관계를 맺는 것이 우주에서 자연스러운 것이고, 하나님이 그렇게 만드셨습니다.

5. 우주는 도덕성을 가지고 있다

서구의 사상은 우주는 비도덕적이라고 합니다. 힌두교도 그렇게 말하면서 궁극적인 선은 없다고 합니다. 그들에 의하면 하나님은 화평과는 상관이 없는 존재입니다. 그렇기 때문에 우리가 도덕적인 차이를 가질 수 없다고 합니다. 그러나 우리는 하나님 없이는 도덕적 기준을 가지지 못합니다. 우리가 믿지 않을 때 갈등한 것이 바로 이 판단기준입니다. 무엇을 가지고 판단할 것인가? 하나님이 존재하지 않는다면 도덕에 대한 세 가지 기준이 있을 것이다.

세상은 이런 방법으로 도덕률을 만듭니다. 첫째, 개인이 보는 대로 하는 것, 그것을 도덕이라고 합니다. 이것이 오늘날 미국사회가 갖고 있는 문제입니다. 개인의 자유를 보장하는 것, 이것이 도덕이 되는 것입니다. 그러나 미국에서 어떻게 자유가 인정되었는가를 알면 그렇게 말할 수 없습니다. 하지간 미국사회는 자유라는 것은 자신이 생각하는 것, 결정하는 것, 바로 그것이라고 합니다.

둘째, 대다수가 지지하는 것이 최종적, 도덕적 기준이라고 합니다. 윌리엄 골드윈이라는 소설가는 만약 인간이 하나님을 버리고 최고의 존재에 올라간다면 대중의 인간들이 무엇이 선하고 악한가를 판단할 수 있다고 합니다.

셋째, 힘이 도덕적 기준을 선택할 수 있을 것이라고 합니다. 이것에 대한 전통적인 주장은 강자가 선이라는 논리입니다. 우리의 역사 속에서 이런 강자우선 논리사상을 보아왔습니다. 북한도 그러한 예가 될 것입니다. 권세자가 법을 만듭니다.

만일 우리가 이런 세 가지 원리들에 의해서 살아간다면, 어떤 사람은 쾌락과 고통이 우리들의 도시를 지배할 것이라고 하였습니다. 그것이 의미하는 바는 절대적인 선에 의해 사는 것이 아니라, 자기의 원함에 따라 살아가는데, 그것이 쾌락과 고통을 줄 것이고 그 결과로 불구사회가 형성될 것이라고 합니다.

기독교는 다르게 말합니다. 존재하는 하나님이 도덕적 하나님이라는 것입니다. 하나님은 선과 악을 구분하는 기준이 됩니다. 하나님의 법과 율법은 선과 악을 구분하는 것을 보여주는 실천적인 것입니다. 하나님의 모든 율법은 하나님의 성품, 하나님의 본질을 드러내는 것입니다.

레위기 19장이 계속해서 이런 이야기를 하는 것은 '내가 바로 하나님'이기 때문이라는 것입니다. 그리고 하나님의 율법은 하나님이 우리를 어떤 형상으로 만드셨는지를 보여주고, 하나님의 명령은 우리 인간이 어떻게 살아야 하는가를 말해 줍니다. 추상적이고 비현실적인 것이 아니라, 현실에서 구체적으로 어떻게 표현되는가를 보여주고 있습니다. 하나님은 추상적인 것이 아니라 본질적인 것을 보여주시고 순종하면 축복을 받게 되고 자유를 얻게 되는 것입니다. 시편 119편을 보면 주의 명령에 따라 살면 자유 가운데 행할 것이라고 말씀하시고, 야고보서에서도 우리를 해방시키는 법에 대해서 말합니다.

우리는 이렇게 이야기할 수 있을 것입니다. "물리적인 원리로 물질이 움직이는 것처럼, 도덕적 원리로 도덕적 우주가 움직일 것이다.” 이것은 하나님의 도덕적 기준에 따라 만들어진 율법을 지키지 못하면 어려움을 겪게 된다는 것입니다. 만일 제가 아내를 속인다면 그 결과로 아내와 아이들이 굉장한 어려움을 겪게 될 것입니다. 설령 다른 사람이 보지 않을지라도 저는 하나님의 도덕적 우주를, 우주의 질서를 파괴하고 있는 것입니다. 우리가 경험하고 있는 우주가 도덕적 우주라는 것은 얼마나 다행한 것입니까? 또 사람들은 하나님이 만드신 도덕을 거부하면서도 그 자신이 거부하고 있는 것을 깨닫고 있습니다. 죄를 범하면서 그것이 죄라는 것을 알고 있습니다.

6. 우주는 비정상적인 고통과 고난을 갖고 있다

기독교를 제외한 대부분의 종교에서 말하는 것은, 이 우주는 원래 만들어진 그대로 존재하고 있다는 것입니다. 그러나 오늘날 이 우주가 원래부터 이렇게 존재하고 있다는 것을 믿는다면, 당면한 굶주림과 재앙 등을 자연스럽게 받아들여야 합니다. 힌두교나 서구의 물질주의사상은 오늘 우리가 처해 있는 어려움을 당연한 것이라고 말합니다. 인간 존재에 대한 모든 슬픔과 고난은 원래 있도록 만들어졌다는 것입니다. 힌두교나 불교를 신봉하는 사람들은 세상에 고통이 있건, 없건 관심이 없습니다. 원래 세상은 그런 것이라고 생각하기 때문입니다. 이것은 고난을 그냥 수용하고 인정하는 태도를 만들어 냅니다.

그러나 기독교만이 왜 그러한 고통 속에 있어야 하는지를 말하고 있음과 동시에 고통을 설명해주고 있는 유일한 종교입니다. 그것은 하나님이 말씀하신 대로 우리가 타락했기 때문입니다. 인간이 하나님을 거역한 것 때문에 우주가 바뀌어지기 시작했습니다. 그래서 원래의 의도와는 다른 우주에서 살게 되었습니다. 고난과 파괴는 하나님을 거역한 결과라는 것입니다.

복음서를 보면, 예수님께서 예루살렘을 보고 슬피 우셨다는 대목이 나옵니다. 그리고 나사렛을 보고 우셨고, 타락한 모습을 보고 화를 내셨습니다. 그것은 바로 우리 인간이 범한 죄의 실제적인 결과인 것입니다.

하나님은 선하신 분이시기 때문에 우리로 하여금 타락으로 말미암아 나타난 악을 대항하여 살라고 하십니다. 하나님은 우리가 도덕적 기준을 가지고 세상의 악을 판단하고 대항하게 하십니다. 예수 그리스도께서 고난에 직면하였을 때, 이 고난을 없애려는 열망을 보이셨던 것처럼 우리도 그렇게 해야 합니다. 그리스도인이 고난을 대하는 태도는 이슬람교처럼 '알라의 뜻이다', 혹은 힌두교 사람이 말하는 '우리의 운명'이라고 생각하는 것 같이 생각해서는 안 될 것입니다. 우리 그리스도인은 악과 사악함을 위해 싸우려는 열망이 있어야 합니다.

7. 우주는 소외되어 있다

우리가 하나님을 대적하지 않고 이 세상의 고난과 싸울 수 있습니다. 우리가 타락으로 우주를 비정상적인 것이 되게 함으로써, 일곱 가지의 소외현상이 나타나게 되었습니다.

첫째, 하나님과 우리는 분리되었다는 것입니다. 성경에는 하나님께서 우리의 죄를 심판하고 우리를 거부한다고 합니다. 이사야가 너희가 부르짖는다 하더라도 너희가 범한 죄 때문에 회개하지 않으므로 용서를 받지 못한다고 말합니다. 성경은 모든 인류가 진노 아래 있다고 합니다. 이것은 바로 인간이 경험하는 가장 어려운 격리라고 할 수 있습니다.

둘째, 우리가 하나님을 거부한다는 것입니다. 바울의 말대로, 우리의 사악함이 하나님과 원수가 되게 했습니다. 인간은 아담과 같이 죄를 짓고 하나님과 분리하려 합니다. 하나님을 두려워하고 대항해서 또 어떻게 죄를 지을 것인가에 시선이 가 있습니다. 그렇기 때문에 모든 인간은 하나님 앞에서 창피함과 죄스러움을 느낍니다. 이것이 도망가려는 모습으로 나타납니다.

셋째, 우리 스스로 격리합니다. 우리는 내재적으로 우리 자신과 분리하려 합니다. 그래서 우리의 가장 큰 적은 자신이라고 할 수 있습니다. 한국에도 이런 표현이 있습니까? 우리가 우리 자신의 내면을 들여다 보면 우리를 가장 창피하게 했던 것이 우리 자신임을 알 수 있습니다. 우리는 혼자 있어도 자기 자신에게 너무 창피하여 어쩔 줄 몰라하는 것을 발견할 수 있습니다. 바울은 로마서 7장에서 이런 정서를 말합니다.

"내가 원하는 바 선은 하지 아니하고 도리어 원치 아니하는 바 악은 행하는도다 만일 내가 원치 아니하는 그것을 하면 이를 행하는 자가 내가 아니요 내 속에 거하는 죄니라 그러므로 내가 한 법을 깨달았노니 곧 선을 행하기 원하는 나에게 악이 함께 있는 것이로다."

선을 원하는 마음이 있지만 오히려 악을 행한다고 한탄합니다. 이것은 우리 속에 내재하는 죄에 그 원인이 있습니다. 이것은 때때로 파괴적인 것으로 드러납니다. 너무 침체되어서 계속 침체의 순환을 겪게 되고, 정신질환을 일으키고, 자학하기도 합니다.

넷째, 우리의 영과 육이 서로를 거부하게 됩니다. 우리가 우리의 육체가 쇠진되는 것들을 생활 속에서 경험합니다. 육과 영이 떠나는 것이 죽음이라는 것입니다. 하나님께서 우리를 원래 육신과 영혼이 하나로 통합된 존재로 오래 살게 했지만 죄악으로 인하여 영과 육이 분리되는 죽음을 경험하게 되었습니다. 모든 인간들은 죽음을 당연한 것이라고 생각하기보다는 두렵고 고통스러운 것이라고 생각합니다.

다섯째, 우리와 이웃을 소외시키는 것으로 나타납니다. 창세기 3장에는 범죄하여 우리 자신과 이웃을 분리시키는 것을 봅니다.

"가라사대 누가 너의 벗었음을 네게 고하였느냐 내가 너더러 먹지 말라 명한 그 나무 실과를 네가 먹었느냐 아담이 가로되 하나님이 주서서 나와 함께하게 하신 여자 그가 그 나무 실과를 내게 주므로 내가 먹었나이다 여호와 하나님이 여자에게 이르시되 네가 어찌하여 이렇게 하였느냐 여자가 가로되 뱀이 나를 꾀므로 내가 먹었나이다."

아담은 하와에게 죄를 전가합니다. 바울은 자신을 미워할 뿐 아니라 이웃을 미워하였다고 합니다. 오늘날 우리가 세계적으로 경험하는 적대감은 우리가 그렇게 서로 분리하려는 데서 오는 것입니다. 개인적, 사회적, 국가적 차원에서 분리시키려는 현상이 나타납니다.

여섯째, 피조물과 분리하려 합니다. 우리가 창조물과 적대적인 관계에 들어가는 것을 보게 됩니다. 우리가 살고 있는 세상을 보십시오. 청지기로서 가꾸기보다는 훼손시키고 파괴합니다. 제 조카가 있는데 농장에서 화학약품을 많이 사용했기 때문에 건강상 어려움을 얻게 되었습니다. 이렇게 우리는 스스로 자연을 파괴하고 훼손함으로써 분리를 경험하게 됩니다.

일곱째, 피조물 자체가 서로 소외시키는 현상이 나타납니다. 로마서 1장에 만물이 신음하고 서로 거부하고 있다고 합니다.

"피조물이 다 이제까지 함께 탄식하며 함께 고통하는 것을 우리가 아나니."

8장을 보면, 온 우주가 허망한 것을 향해 달려가고 있다고 합니다. 이런 모든 것은 우리의 죄의 결과라고 성경이 말합니다. 이런 일곱 가지 소외는 창세기 3장에 나와 있습니다.

또한 성경은 우리가 세상에서 경험하는 것을 자세히 설명하고 있습니다. 어느 종교나 어느 사상이나 오늘날 세상에서 경험하는 고통과 분리를 설명해주지 못합니다.

8. 소망이 있는 우주

이 우주는 소망이 있습니다. 온 우주에 이런 고통과 고난이 있음에도 불구하고 우리는 소망 가운데 살고 있다는 것입니다. 서구 사상은 미래에 대해 절망적으로 말합니다. 힌두교는 이 절망을 피할 수 없다고 합니다. 그러나 성경은 하나님이 간섭하셔서, 이러한 세상에 오셔서 타락한 세상에서도 소망을 가지게 되었다고 합니다. 사랑의 하나님이 그의 아들을 이 세상에 보냈다는 것입니다. 이 세상에 오셔서 우리의 인생을 경험하시고, 고난을 경험하시고, 우리를 대신하셔서 고통을 지고 돌아가셨습니다. 우리의 죄책과 부끄러움을 다 지셨습니다. 이것을 몇 가지로 표현할 수 있습니다.

첫째로, 예수님께서 죽음을 해결하기 위하여 이 땅에 오셨다는 것입니다. 죄와 죽음을 십자가에서 해결하였습니다. 이것은 우리의 죄를 지고 죽으셨지만 다시 부활하셨다는 것입니다.

또 다른 방법은 일곱 가지의 소외와 격리를 극복하셨다는 것입니다. 십자가에서 우리에게 향한 심판을 대신 당하심으로 극복하셨습니다. 신약성경에서는 이러한 사건을 속죄라고 합니다. 예수님께서 우리 대신 저주를 당하셨다는 것입니다. 진노를 대신 받으셨다는 것입니다.

둘째로 우리를 새롭게 하시기 위하여 성령으로 말미암아 새로운 것을 만들어 주시고 화목하게 하셨습니다. 그래서 우리가 다시 한 번 하나님이 사랑이시고 거룩하신 것처럼 우리도 그렇게 되게 하셨습니다. 그것이 신약에서 우리가 점진적으로 변화하는 것으로 나타납니다.

셋째로 우리를 위해 육체도 회복시키시려 오셨다고 합니다. 재림하시면 우리가 다시 육체와 부활하여 우리의 영과 육이 영생하는 존재가 될 것입니다. 예수님처럼 우리도 부활할 것입니다.

넷째로 우리가 다른 사람과 화평하게 됩니다. 그리고 우리는 이런 세상을 향한 명령, 즉 세상과의 회복을 향해 나갈 수 있습니다. 우리는 하나님께로부터 이 세상 만물을 의롭게 다스리고 가꾸라는 명령을 받았습니다. 마침내 이 세상 모두가 회복되는 것을 기대하고 있습니다.

성경은 분명히 의로 다스리게 될 창조가 회복될 것이라고 말하고 있습니다. 예수님은 이것을 모든 만물의 거듭남이라고 합니다. 바울은 로마서 8장에서 세상의 만물이 예수로 말미암아 구속을 경험한다고 합니다. 예수님의 재림으로 이 모든 문제가 해결될 것입니다. 그렇기 때문에 우리는 소망을 가지고 우주에서 사는 것입니다.

이런 기대와 소망은 막연한 것이 아닙니다. 하나님께서 역사 안에서 이미 이루어진 것에 근거를 둔 소망입니다. 베드로후서 1:16에도 잘 표현하고 있습니다.

"우리 주 예수 그리스도의 능력과 강림하심을 너희에게 알게 한 것이 공교히 만든 이야기를 좇은 것이 아니요 우리는 그의 크신 위엄을 친히 본 자라."

우리가 실제 본 것을 소망한다는 것입니다.

우리가 예수님께서 하신 일, 역사가 증명한 것을 통해서 미래의 모든 죄악이 그리스도로 말미암아 사라진다는 소망을 가질 수 있습니다. 모든 소외와 격리를 극복하는 것을 소망하고 있습니다. 변화하고 변혁되는 것을 경험하게 될 것입니다. 그것은 이미 우리가 성령의 능력과 하나님의 사랑으로 창조를 경험하고 때문입니다. 우리의 우주는 하나님께서 우주의 리얼리티(reality)를 장갑으로 잘 싸서 보호하시고 계시는 실존의 참인 것입니다.

바울의 아테네 설교는 실패인가?

이 장의 제목은 '바울이 아덴에서 한 설교는 실패인가?' 입니다. 다른 말로 표현하면, 아덴에서 한 설교는 잘못된 방법의 설교인가? 만일 바울의 설교가 실패였다면 제가 앞서 한 것도, 지금 할 것도 실패일 것입니다. 그렇기 때문에 오늘은 왜 바울의 설교는 실패라고 하는가 하는 질문에 대해 알아보아야 할 것입니다. 여기서는 일종의 논증으로 '바울이 아테네 설교를 왜 실패라고 하는가' 라는 질문에 대한 대답을 하려고 합니다.

아덴에서 한 바울의 설교가 실패라고 말하는 이유들

아덴에서 바울이 실패했다고 말하는 사람들의 주장의 근거는 고린도전서 1장에 나오는 말씀 때문인지도 모르겠습니다.

먼저, 고린도전서 1:17-25를 보면

"그리스도께서 나를 보내심은 세례를 주게 하려 하심이 아니요 오직 복음을 전케 하려 하심이니 말의 지혜로 하지 아니함은 그리스도의 십자가가 헛되지 않게 하려 함이라 십자가의 도가 멸망하는 자들에게는 미련한 것이요 구원을 얻는 우리에게는 하나님의 능력이라 기록된 바 내가 지혜 있는 자들의 지혜를 멸하고 총명한 자들의 총명을 폐하리라 하였으니 지혜 있는 자가 어디 있느뇨 선비가 어디 있느뇨 이 세대에 변사가 어디 있느뇨 하나님께서 이 세상의 지혜를 미련케 하신 것이 아니뇨 하나님의 지혜에 있어서는 이 세상이 자기 지혜로 하나님을 알지 못하는고로 하나님께서 전도의 미련한 것으로 믿는 자들을 구원하시기를 기뻐하셨도다 유대인은 표적을 구하고 헬라 인은 지혜를 찾으나 우리는 십자가에 못 박힌 그리스도를 전하니 유대인에게는 거리끼는 것이요 이방인에게는 미련한 것이로되 오직 부르심을 입은 자들에게는 유대인이나 헬라 인이나 그리스도는 하나님의 능력이요 하나님의 지혜니라 하나님의 미련한 것이 사람보다 지혜 있고 하나님의 약한 것이 사람보다 강하니라"는 말씀이 있습니다.

다음은 고린도전서 2:1-7입니다.

"형제들아 내가 너희에게 나아가 하나님의 증거를 전할 때에 말과 지혜의 아름다운 것으로 아니하였나니 내가 너희 중에서 예수 그리스도와 그의 십자가에 못 박히신 것 외에는 아무것도 알지 아니하기로 작정하였음이라 내가 너희 가운데 거할 때에 약하며 두려워하며 심히 떨었노라 내 말과 내 전도함이 지혜의 권하는 말로 하지 아니하고 다만 성령의 나타남과 능력으로 하여 너희 믿음이 사람의 지혜에 있지 아니하고 다만 하나님의 능력에 있게 하려 하였노라 그러나 우리가 온전한 자들 중에서 지혜를 말하노니 이는 이 세상의 지혜가 아니요 또 이 세상의 없어질 관원의 지혜도 아니요 오직 비밀한 가운데 있는 하나님의 지혜를 말하는 것이니 곧 감취었던 것인데 하나님이 우리의 영광을 위하사 만세 전에 미리 정하신 것이라."

1. 바울이 고린도전서에서 이성을 거부한 것으로 본다

바울은 고린도전서에서 이성을 거부하는 것처럼 보입니다. 사람들은 고린도전서에서 바울이 그렇게 이야기함으로 말미암아 그가 아덴에서 설교했던 것은 실패였다고 말합니다. 설교에서 실패했기 때문에 이제는 그리스도의 도만 전하겠다는 말을 한다고 생각하는 것입니다. 변증하는 것이 아니라 예수의 죽음심과 부활하심으로 의롭게 된 것만을 전하며 변증과 설득은 필요없다고 말하는 것으로 생각합니다.

2. 중생하지 않은 자연인은 이해할 수 없다고 생각한다

거듭나지 않은 자연인은 영적인 것을 이해할 수 없다고 말합니다. 따라서 믿지 않는 사람들과 변론하는 것은 별 의미가 없다고 합니다. 구원받지 않은 사람은 영적인 것에 있어서는 전적으로 장님이기 때문에 논증할 필요가 없다고 이해해 버리는 것입니다. 어떤 사람이 진리에 집중할 수 있고 받아들일 수 있으려면 거듭나야 한다고 주장합니다.

3. 안 믿는 사람들은 복음을 어리석은 것이라고 생각한다

안 믿는 사람들은 항상 복음은 어리석은 것이라고 생각한다는 것입니다. 따라서 우리가 그들과 함께 복음을 갖고 변론한다는 것은 어리석은 것이라고 말합니다. 이런 이야기를 할 때, 사람들은 잠언 26:4을 인용합니다.

"미련한 자의 어리석은 것을 따라 대답하지 말라 두렵건대 네가 그와 같을까 하노라."

그래서 바울이 아덴에서 이야기한 것은 어리석은 것이라고 합니다.

4. 신자와 불신자는 공통점이 없다고 본다

안 믿는 사람들과 이야기하는 것은 그들과 공통점이 없기 때문에 적절하지 못하다고 합니다. 믿는 자와 안 믿는 자는 서로 전혀 다른 세계에서 살고 있는 다른 종류의 사람이기 때문이라는 것입니다.

변증설교에 대한 성경적 변증

이러한 생각들이 우리들 가운데 있는 생각들입니다. 이런 식으로 설교하는 것은 실패이고 어리석은 것이라고 합니다. 우리가 이런 질문에 어떻게 대답하며, 또 질문할 필요가 있는 것입니까? 간단하게 답한다면, 누가는 바울이 증거한 것은 정확하다고 했습니다. 그래서 우리가 성경의 한 부분을 어리석은 부분이라고 하는 것은 위험합니다.

또 성경에서는 욥을 대적했던 사람들은 어리석은 사람이라고 합니다. 그래서 사실 누가는 사도행전을 통해서 바울이 다른 여러 상황에서 전하려고 했던 것을 우리에게 전달하려는 것이었습니다.

사도행전을 보면, 바울은 여러 다른 정황 속에서 복음을 증거했습니다. 회당에 가서 유대인들에게 증거하고, 이방인에게도 다양한 상황에서 증거했습니다. 그렇게 함으로 바울은 복음전파의 한 예를 보여주었던 것입니다.

사도행전 13장에서는 경건한 유대인들에게 바울이 회당에서 전하는 것을 기록한 내용이고, 17장에서는 이방인과 복음을 알지 못하는 자에게 전한 내용이 들어 있습니다. 그래서 누가가 다양한 방법으로, 다양한 상황 속에 있던 일을 기록한 것은 실제로 바울이 그런 상황에 있었기 때문입니다.

이런 주제를 우리가 자세히 살펴야 하는데, 이것은 예수가 다양한 사람들과 다양한 상황 속에서 변론한 것을 통해서도 알 수 있습니다. 복음서에 나타난 예수의 변론과정을 살펴보면 예수는 아주 위대한 질문을 하는 사람이라는 것을 깨닫지 않고는 예수의 변론방법을 이해할 수 없습니다.

누가는 어떻게 증거하고 있는지 봅시다. 사도행전 17장을 보면 바울이 사람들에게 어떻게 전하였는가를 잘 말해주고 있습니다. 17:1-4입니다.

"저희가 암비볼리와 아볼로니아로 다녀가 데살로니가에 이르니 거기 유대인의 회당이 있는지라 바울이 자기의 규례대로 저희에게로 들어가서 세 안식일에 성경을 가지고 강론하며 뜻을 풀어 그리스도가 해를 받고 죽은 자 가운데서 다시 살아야 할 것을 증명하고 이르되 내가 너희에게 전하는 이 예수가 곧 그리스도라 하니 그중에 어떤 사람 곧 경건한 헬라 인의 큰 무리와 적지 않은 귀부인도 권함을 받고 바울과 실라를 좇으나."

그 결과 경건한 헬라 인과 귀부인도 구원을 받고 바울과 실라를 좇게 됩니다. 여기서 누가는 바울이 늘 이런 식으로 전했다고 기록하고 있습니다. 바울은 논증하고, 설명하고, 설득합니다.

10-13절을 보면,

"밤에 형제들이 곧 바울과 실라를 베뢰아로 보내니 저희가 이르러 유대인의 회당에 들어가니라 베뢰아 사람은 데살로니가에 있는 사람보다 더 신사적이어서 간절한 마음으로 말씀을 받고 이것이 그러한가 하여 날마다 성경을 상고하므로 그중에 믿는 사람이 많고 또 헬라의 귀부인과 남자가 적지 아니하나 데살로니가에 있는 유대인들이 바울이 하나님 말씀을 베뢰아에서도 전하는 줄을 알고 거기도 가서 무리를 움직여 소동케 하거늘"이라는 말씀이 있습니다.

10절에서 바울과 실라가 베뢰아 사람들에게 가서 전했는데 그들은 정말 그러한가 하고 연구했다고 합니다. 그 결과 많이 믿게 되었다고 합니다. 11절에서 누가는 베뢰아 사람들이 예수를 알기 전에도 신사적이고, 바울이 변증한 것을 사실인가 살펴보려는 간절한 마음이 있었다고 하였습니다.

16, 17절로 가서 보면,

"바울이 아덴에서 저희를 기다리다가 온 성에 우상이 가득한 것을 보고 마음에 분하여 회당에서는 유대인과 경건한 사람들과 또 저자에서는 날마다 만나는 사람들과 변론하니"라고 합니다.

바울이 아덴에 가서 우상이 가득한 것을 보고 분노가 일어났지만 17절로 넘어가면 회당에서 증거하고 시장바닥에서 만난 사람과 변론하는 것을 볼 수 있습니다.

18:4로 넘어가겠습니다.

"안식일마다 바울이 회당에서 강론하고 유대인과 헬라 인을 권면하니라."

18장은 고린도로 넘어가는 장면입니다. 4절을 보면, 안식일마다 강론하고(영어성경에는 '변증하고'로 나와 있습니다) 그 다음에 설득하려고 노력했습니다(한글성경은 '권면하고'입니다).

그리고 12, 13절로 넘어가면,

"갈리오가 아가야 총독되었을 때에 유대인이 일제히 일어나 바울을 대적하여 재판 자리로 데리고 와서 말하되 이 사람이 율법을 어기어 하나님을 공경하라고 사람들을 권한다 하거늘."

바울의 적이었던 사람도 바울을 보고 율법을 어기고 하나님을 공경하고 사람들을 설득했다고 하였습니다.

19절,

"에베소에 와서 저희를 거기 머물러 두고 자기는 회당에 들어가서 유대인들과 변론하니."

에베소에 와서 유대인과 변론하였다고 기록되었습니다.

27, 28절을 보면,

"아볼로가 아가야로 건너가고자 하니 형제들이 저를 장려하며 제자들에게 편지하여 영접하라 하였더니 저가 가매 은혜로 말미암아 믿은 자들에게 많은 유익을 주니 이는 성경으로써 예수는 그리스도라고 증거하여 공중 앞에서 유력하게 유대인의 말을 이김일러라"는 말씀이 있습니다.

아볼로도 그렇게 했다는 내용입니다.

19장으로 넘어가서 8, 9절을 보면,

"바울이 회당에 들어가 석 달 동안을 담대히 하나님 나라에 대하여 강론하며 권면하되 어떤 사람들은 마음이 굳어 순종치 않고 무리 앞에서 이 도를 비방하거늘 바울이 그들을 떠나 제자들을 따로 세우고 두란노 서원에서 날마다 강론하여"라고 합니다.

8절부터 9절까지 에베소에 도착하고 복음을 전하는 데 석 달 동안 하나님 나라에 대해서 설득력 있게 논증했고, 그 결과 2년 동안 머물면서 아시아 사람들에게 전했습니다.

26절,

"이 바울이 에베소뿐 아니라 거의 아시아 전부를 통하여 허다한 사람을 권유하여 말하되 사람의 손으로 만든 것들은 신이 아니라 하니 이는 그대들도 보고 들은 것이라."

그는 이 바울이 허다한 사람을, 영어성경에 의하면 많은 사람들을, 설득시켰다고 합니다. 많은 사람들이 설득당해서 따라갔습니다. 그래서 26절은 사실은 에베소에서 했던 설교의 결론입니다.

여기서 발견할 수 있는 사실은 바울이 아덴 이후에 고린도와 아덴에 가서도 같은 방법으로 논증하고 설명하고 설득했던 것을 볼 수 있습니다. 누가가 사용했던 바울의 사역을 기술하는 단어를 살펴보면 놀랍습니다. 사도행전을 자세히 살펴보면 '설득했다', '논증했다'의 단어를 변용해서 많이 사용하고 있습니다. '복음을 가르쳤다’, ‘정직하게 선포했다’, ‘증명했다’ 라는 단어들은 한결같이 법적인 용어입니다. ‘변증했다’, ‘논증했다’, ‘증명했다’, ‘보여주었다’, 또 일종의 ‘말 싸움을 했다’, ‘강력하게 거부했다’, ‘방어했다’ 등의 단어들이 바울의 사역을 기술했던 누가의 단어들이고, 이 단어들은 아덴의 사역 전후에 나타납니다.

그 다음에 사도행전 26장으로 넘어가서, 24-32절를 보면 바울에게 반응한 장면이 나옵니다.

“바울이 이같이 변명하매 베스도가 크게 소리하여 가로되 바울아 네가 미쳤도다 네 많은 학문이 너를 미치게 한다 하니 바울이 가로되 베스도 각하여 내가 미친 것이 아니요 참되고 정신차린 말을 하나이다 왕께서는 이 일을 아시기로 내가 왕께 담대히 말하노니 이 일에 하나라도 아시지 못함이 없는 줄 믿나이다 이 일은 한편 구석에서 행한 것이 아니로소이다 아그립바 왕이여 선지자를 믿으시나이까 믿으시는 줄 아나이다 아그립바가 바울더러 이르되 네가 적은 말로 나를 권하여 그리스도인이 되게 하려 하는도다 바울이 가로되 말이 적으나 많으나 당신뿐 아니라 오늘 네 말을 듣는 모든 사람도 다 이렇게 결박한 것 외에는 나와 같이 되기를 하나님께 원하노이다 하니라 왕과 총독과 버니게와 그 함께 앉은 사람들이 다 일어나서 물러가 서로 말하되 이 사람은 사형이나 결박을 당할 만한 행사가 없다 하더라 이에 아그립바가 베스도더러 일러 가로되 이 사람이 만일 가이사에게 호소하지 아니하였더면 놓을 수 있을 뻔하였다 하니라.”

여기서 바울은 자신이 말한 것은 진실이고 합리적이라고 합니다. 아그립바는 그 말을 듣고 ‘네가 나를 설득하려고 하느냐’고 말합니다.

물론 우리를 구원에 이르게 하는 데는 성령이 필수적입니다. 성령님과 우리가 함께 복음을 증거하는 것입니다. 그리고 예수님께서 제자들에게 그렇게 하라고 명령하셨습니다. 요한복음 15:26, 27 말씀을 보십시오.

"내가 아버지께로서 너희에게 보낼 코헤사 곧 아버지께로서 나오시는 진리의 성령이 오실 때에 그가 나를 증거하실 것이요 너희도 처음부터 나와 함께 있었으므로 증거하느니라."

26절을 보면 성령이 그리스도를 증거한다고 하고 27절에서는 너희도 그렇게 증거하라고 합니다. 그래서 베드로가 나중에 그의 서신에서 우리가 그의 증인이며 성령도 그의 증인이라고 요약합니다.

미국의 신학자였던 메이천은 이렇게 말합니다. "우리가 사람의 마음을 열어서 사람들에게 증거로 보여 줌으로 성령님께서 그들의 마음을 열어서 깨닫게 한다."

고린도전서에서 바울이 한 진술의 의미

고린도전서로 돌아와서, 그렇다면 지금 살펴본 것처럼 바울의 이성적 접근을 포기한 것이 아니라면 고린도전서에서 말한 의미는 무엇입니까? 여기서 바울이 강조하려고 하는 것은 대부분의 철학자들이 복음에 대해서 관심이 없다는 것입니다. 그 당시나 지금이나 마찬가지로 자기가 지혜롭다고 생각하는 사람은 복음에 대해서 아무 반응도 하지 않습니다. 복음은 어리석고 자기는 똑똑하다고 생각합니다. 그래서 고린도전서에서 실제 이야기하려는 것은 자기들은 지혜롭다고 하나 실제로는 반대라는 것입니다.

사실은 고린도전서 1장의 내용은 바울이 로마서 1장에서 말씀한 내용과 병행적입니다. 로마서 1:21−23을 보면,

"하나님을 알되 하나님으로 영화롭게도 아니하며 감사치도 아니하고 오히려 그 생각이 허망하여지며 미련한 마음이 어두워졌나니

스스로 지혜 있다 하나 우준하게 되어 썩어지지 아니하는 하나님의 영광을 썩어질 사람과 금수와 버러지 형상의 우상으로 바꾸었느니라"는 말씀이 있습니다.

이 말씀은 지혜 있는 척하는 사람에 관한 내용인데, 고린도전서 1장과 동일한 내용입니다. 그래서 사실은 바울이 고린도전서 1장에서 로마서 1장을 반복하고 있다고 할 수 있습니다.

다음으로, 바울이 고린도전서에서 말하는 것은 헬라 인들이 가졌던 지혜 혹은 수사학을 공격하는 것입니다. 바울이 있었던 곳은 100년 전부터 세속철학의 중심이었습니다. 그래서 아덴 사람은 다른 지역보다 특별한 사람이라고 생각했습니다. 자기들이 세상에 가장 현명한 사람이라고 생각했고, 가장 큰 지혜를 가지고 있다고 생각했습니다. 그런 지식으로 신에 대한 지식을 가질 수 있다고 생각했습니다. 그러한 자존심을 가지고 있었기 때문에 복음을 쓸모없다고 여겼습니다. 왜냐하면 복음에서 무엇이라고 합니까? 스스로 지혜롭다고 하는 자는 멸망한다고 했습니다. 바울은 이렇게 지혜에 의존하는 마음을 공격합니다.

또한 바울은 헬라 인들이 수사에 의존하는 것을 공격합니다. 아덴은 철학뿐만 아니라 수사학의 천국이었습니다. 헬라 어에서 '지혜'라는 단어가 소피스트(sophist)와 같은 단어입니다. 그들은 법정에서 사람들을 말로 압도하려고 했습니다. 그들은 대화술에 능했기 때문에 법정에서 잘못된 사건도 옳은 것으로 증명할 수 있는 사람이었습니다. 그래서 그들은 똑똑하고 말하는 기술이 아주 뛰어났습니다.

오늘날 미국의 법정에서 이런 일이 일어납니다. 말을 잘 하는 변호사를 얻으면 모든 문제에서 승리할 수 있습니다. 그래서 바울이 이러한 대화술을 가지고 말도 안 되는 소리를 말 되는 것처럼 말하는 사람에게 '그렇지 않다'고 하면서 하나님의 진리를 전파하러 왔다고 합니다. 하나님이 나타내 주신 메시지를 전하기 위해서입니다. 그것이 바로 참지혜이고 고린도후서에서 이야기하는 하나님의 능력이라고 합니다.

그래서 바울은 고린도후서 10:4-6에서 다음과 같이 결론을 내립니다.

"우리의 싸우는 병기는 육체에 속한 것이 아니요 오직 하나님 앞에서 견고한 진을 파하는 강력이라 모든 이론을 파하며 하나님 아는 것을 대적하여 높아진 것을 다 파하고 모든 생각을 사로잡아 그리스도에게 복종케 하니 너희의 복종이 온전히 될 때에 모든 복종치 않는 것을 벌하려고 예비하는 중에 있노라."

바울이 복음을 전하는 데 사용했던 것은 육체의 병기가 아니라 하나님의 복음을 갖고 싸우는 강력한 병기였습니다. 그리스도께로 옮길 수 있는 능력 있는 합리적인 말씀이라고 합니다. 바울이 전하려고 하는 복음은 참진리이기 때문에 논증을 두려워하지 않고 사람들에게 전하였습니다.

유대인들에게는 예수가 그 메시아라고 설득했고, 그들은 구원의 법칙을 믿지 않았지만 설득시킴으로 믿기 했고, 헬라 인에게는 너희가 알지 못하는 그 신이 하나님이라고 말하면서 너희들의 신을 의지하지 말라고 합니다. 바울은 이런 방법으로 계속 복음을 전합니다.

마지막으로 우리가 자연인과 어떻게 논증할 것인가? 성경이 우리에게 이야기하는 것은 모든 인류는 타락했음에도 불구하고 하나님의 형상을 소유했다고 합니다. "사악한 자라 할지라도 저희의 자녀를 사랑하지 않느냐?" 여기에서 사랑은 '아가페'라는 단어를 사용했습니다. 그리고 로마서 2장에 보면, 믿는 자나 안 믿는 자나 그 마음에 하나님의 법이 있다고 합니다. 잠언에도 하나님의 지혜는 모든 인류에게 지혜로 말씀하신다고 합니다. 그렇기 때문에 그들이 믿든지 안 믿든지 간에 하나님의 형상을 소유하고 있는 것입니다.

변증설교 방법론

변증적인 설교에 대한 강의는 목사와 설교자들을 위해 준비된 것이 사실이지만 여러분에게도 유익이 클 것입니다. 변증설교란 무엇이겠습니까?

'변증한다' 는 것의 의미는 무엇인가?

변증학(Apologetics), 이것은 믿음을 '변증한다', '방어한다' 라는 뜻입니다. 세상에서 우리의 믿음은 재판을 받고 있는 것 같습니다. 그래서 믿음을 가지고 있는 여러분과 제 자신도 세상사람들로부터 재판을 받고 있습니다.

베드로전서 3:15에 이런 말씀이 있습니다.

"너희 마음에 그리스도를 주로 삼아 거룩하게 하고 너희 속에 있는 소망에 관한 이유를 묻는 자에게는 대답할 것을 항상 예비하되 온유와 두려움으로 하고."

가지고 있는 신앙에 대해서 항상 변호할 준비를 가지고 변호하되, 변호할 때에는 온유하게 하라고 말합니다.

다음은 골로새서 4:5, 6입니다.

"외인을 향하여서는 지혜로 행하여 세월을 아끼라 너희 말을 항상 은혜 가운데서 소금으로 고루게 함같이 하라 그리하면 각 사람에게 마땅히 대답할 것을 알리라."

사도 바울은 여기서 법적인 용어를 쓰고 있습니다. '변호를 한다'는 것은 다음과 같습니다.

1. 신앙이 합리적이라는 것을 나타내는 것이다

우리가 가지고 있는 신앙이 그럴 듯하다는 확신을 가지는 것입니다. 바울이 아그립바와 다른 로마 통치자 앞에서 말한 것과 같이, 방어한다는 것은 우리가 가지고 있는 믿음이 이성적으로 생각해서 그럴 듯하다고 과시하는 것입니다.

2. 복음에 대한 공격을 제거하는 작업이다

변호하는 것은 사람들이 기독교를 엉터리라고 하는 공격을 제거해 가는 작업입니다. 그리고 성경에 대한 혼동된 생각을 분명하게 하는 일입니다. 사도행전 17장에서 바울이 말하는 것들이 바로 이런 작업입니다. 거리에 나타나는 방법은 단지 질문에 대해서 대답하며 하나님에 대한 잘못된 생각을 분명하게 해주는 형태를 띱니다.

3. 개인의 간증이다

변호는 항상 개인의 간증입니다. 신약에서는 변호하는 것과 개인이 간증하는 것을 구분하지 않습니다. 사람이 자신의 신앙에 대해 변호한다는 것은 자신의 체험을 간증하는 것이기 때문입니다. 그래서 세상 앞에서 복음은 물론이고 동시에 여러분도 똑같이 재판을 받고 있는 것입니다. 그래서 우리는 스스로에게 질문을 해보아야 합니다. 자신의 신앙이 잘 변호되고 있는지, 아니면 신앙상태가 좋지 않아서 잘 드러내지 못하고 억눌려 있는지를 물어봐야 합니다.

그래서 베드로는 믿지 않는 남편을 가진 여인에게 정숙한 삶으로 신앙을 내보이라고 합니다. 자신의 생활이 자신의 신앙을 변호하는 데 도움이 되는지, 아니면 장애가 되는지를 물어야 합니다.

쉐퍼 박사는 항상 우리의 일상생활이 우리의 최고·최적의 변호라고 말합니다.

4. 잘못된 세계관을 바로잡는 것이다

신앙의 변호라는 것은 세상에서 하나님이나 자연이나 인간에 대한 잘못된 생각에 대해서 공격을 하는 것입니다. 복음의 진리를 선포한다는 것은 항상 거짓된 세상에 대한 공격을 하는 것을 의미합니다. 디도서 1:9에는 이런 말씀이 있습니다.

"미쁜 말씀의 가르침을 그대로 지켜야 하리니 이는 능히 바른 교훈으로 권면하고 거스려 말하는 자들을 책망하게 하려 함이라."

그래서 자기가 가지고 있는 신앙을 확신하고서 반대하거나 이견을 가진 사람들에게 자기의 신앙을 가지고 논증을 해야 합니다. 그래서 고린도후서 10:5, 6에서는,

"모든 이론을 파하며 하나님 아는 것을 대적하여 높아진 것을 다 파하고 모든 생각을 사로잡아 그리스도에게 복종케 하니 너희의 복종이 온전히 될 때에 모든 복종치 않는 것을 벌하려고 예비하는 중에 있노라"라고 하였습니다.

5. 법정에서 복음을 전하는 것이다

법정에 서서 복음의 진리를 변호할 수 있어야 한다는 것입니다.

우리가 법정에서 듣는 사람을 잘 설득해서 법정이 복음을 믿을 수 있도록 해야 합니다. 우리의 모든 변증이 다른 사람으로 하여금 복음을 믿어 헌신을 할 수 있도록 노력해야 합니다. 바울이 아그립바 왕 앞에서 자기 자신을 변호할 때, "네가 도대체 누군데 짧은 시간에 나를 설득해서 하나님을 믿게 하려고 하느냐"는 아그립바 왕의 질문에 바울은 "그렇습니다. 내가 지금 왕을 전도하려고 합니다"라고 했습니다.

무엇을 변증을 할 것인가?

다음으로 변증을 하기 위해서는 어떤 증거가 필요한지 알아야 합니다. 우리의 신앙을 보호한다고 할 때 어떤 증거들이 있는지를 알아야 합니다. 간단하게 말해서, 세상에 모든 존재하는 것들이 가장 좋은 증거라고 할 수 있습니다.

1. 간단한 복음을 분명하게 선포해야 한다
고린도후서 4:2을 보겠습니다.
"이에 숨은 부끄러움의 일을 버리고 궤휼 가운데 행하지 아니하며 하나님의 말씀을 혼잡케 아니하고 오직 진리를 나타냄으로 하나님 앞에서 각 사람의 양심에 대하여 스스로 천거하노라."

2. 종합된 진리를 증거해야 한다
성경에 있는 모든 책들이 그리스도를 증거하고 있습니다. 우리가 구약에서는 메시아를 보내주겠다는 약속을 볼 수 있고, 그런 구약에서 증거하는 선지자들의 모든 증거들이 그리스도를 증거하고 있습니다. 이것이 부활하신 후에 엠마오로 가는 제자들에게 예수님이 하신 말씀입니다. 제자들에게 예수님께서 말하기를 구약에서 말씀한 모든 선지자의 이야기들을 이 사람들에게 이야기해 주어 마음문이 열리게 했다고 합니다. 다음에 신약에서 말하는 탄생, 죽음, 부활, 승천이 좋은 증거가 될 것입니다.

3. 일반계시를 증거로 삼을 수 있다

쉐퍼 박사가 말하였듯이, 모든 세계, 자연과 인간의 됨됨이는 좋은 증거가 될 수 있습니다. 모든 자연이 하나님의 존재를 선포하고 있습니다. 하나님께서 인류에게 주시는 은혜를 증거할 수 있습니다. 섭리에 대해서 하나님께서는 우리가 볼 수 있도록 증거를 이 세상에 남겨 두시고, 역사 안에서 일하시는 하나님을 증거로 삼을 수 있습니다. 돌보심과 심판이 좋은 증거입니다.

몇 년 전, 중국천안문광장에서 있었던 사건도 좋은 예가 될 것입니다. 하나님께서는 그런 사건들을 통해서 사람들을 하나님 품에 들어오게 할 수 있습니다. 그리고 동유럽이나 소련의 공산주의가 무너짐으로 수많은 사람들이 복음을 듣게 되었습니다. 그래서 우리는 하나님이 역사에서 일하시는 하나님을 증거할 수 있습니다.

4. 불신앙적인 세상을 증거로 삼을 수 있다

우리가 잘못 증거할 수 있지만 증거는 항상 거기에 있습니다. 그래서 바울이 사도행전 17장에 아덴에서 한 설교를 보면, 안 믿는 사람들의 시를 인용하면서 증거했습니다.

5. 변화된 자신을 증거로 삼을 수 있다

사도 바울이 사도행전 22:3 이하에 보면, 변화된 자기를 증거로 내놓습니다.

"나는 유대인으로 길리기아 다소에서 났고 이 성에서 자라 가말

리엘의 문하에서 우리 조상들의 율법의 엄한 교훈을 받았고 오늘 너희 모든 사람처럼 하나님께 대하여 열심하는 자라 내가 이 도를 핍박하여 사람을 죽이기까지 하고 남녀를 결박하여 옥에 넘겼노니 이에 대제사장과 모든 장로들이 내 증인이라 또 내가 저희에게서 다메섹 형제들에게 가는 공문을 받아 가지고 거기 있는 자들도 결박하여 예루살렘으로 끌어다가 형벌받게 하려고 가더니 가는데 다메섹에 가까왔을 때에 오정쯤 되어 홀연히 하늘로서 큰 빛이 나를 둘러 비취매 내가 땅에 엎드러져 들으니 소리 있어 가로되 사울아 사울아 네가 왜 나를 핍박하느냐 하시거늘 내가 대답하되 주여 뉘시니이까 하니 가라사대 나는 네가 핍박하는 나사렛 예수라 하시더라…"

항상 우리가 전도할 때, 변화된 자신을 증거하면서 과거의 이러하였지만 지금은 그리스도로 인해 변화되었다는 것을 보여주어야 합니다.

6. 성령이 역사하기를 기도해야 한다

전도하는 도중에도 대상자의 마음에 성령이 역사하셔서 복음의 증거를 똑바로 볼 수 있도록 기도해야 합니다.

변증설교를 적절하게 하는 법

다음의 질문은 목사들에게 해당되는 것이지만 여러분도 기억할 필요가 있습니다. 사모가 될 사람에게도 필요할 것입니다. 변증설교는 언제, 얼마나 자주 해야 하느냐는 질문을 받습니다. 두 가지로 대답하겠습니다. 제가 영국에서 목회를 할 때 한 달에 한 번씩 변증설교를 했습니다. 그때마다 교회성도들로 하여금 믿지 않는 친구를 데리고 와서 설교를 듣게 했습니다. 일반적으로는 그런 설교를 할 때, 제목들이 하나님은 누구신가, 예수는 왜 죽으셨는가, 세상에는 왜 고통이 있는가 등입니다.

그리고 모든 설교가 변증설교가 되어야 한다고 생각합니다. 예수님의 생애를 볼 때, 예수님이 항상 말씀하시고 설교하실 때는 신자나 불신자 모두에게 하는 것이었습니다. 우리는 대개 믿는 사람에게만 복음을 설교합니다. 그러나 어디에나 믿지 않는 사람이 있다는 것을 기억하면서 설교해야 합니다. 그래서 예수님이 하신 것과 마찬가지로, 그것이 안 믿는 사람에게도 복음을 전하는 설교가 되어야 합니다.

바울은 고린도전서 14장에서 방언을 이야기하면서 모든 사람이 이해할 수 있도록 하는데, 즉 모든 가르치는 자는 안 믿는 사람도 이해할 수 있도록 설교를 작성해야 합니다. 그래서 안 믿는 사람도 그럴 듯하다는 생각이 들게 해야 합니다. 안 믿는 사람이 들어도 '과연 당신의 말이 옳습니다' 라고 받아들일 수 있어야 합니다.

만약에 여러분이 소위 강해설교책을 처음부터 끝까지 설교하신다면, 매 설교가 변증설교가 되어야 할 것입니다. 설교할 때 어떻게 표현을 해서 안 믿는 사람이 죄와 복음에 동시에 열리게 할까를 생각하며 설교를 준비해야 합니다. 쉐퍼 박사가 이런 설교를 잘 하는데 믿는 사람에게도 원만한 복음을 들을 수 있게 해야 합니다. 저는 많은 사람들이 쉐퍼 박사의 로마서강해를 듣고 예수님을 믿게 되는 것을 보았습니다.

저는 본문의 설교를 위해 준비하면서 두 가지 질문을 합니다. 첫째로, 이 설교를 함으로써 믿는 사람의 신앙을 어떻게 북돋워 줄 것인가? 그리고 하나는 안 믿는 사람을 어떻게 믿게 할 것인가? 또 이런 질문을 하는 사람이 있습니다. 변증설교는 지성인에게만 하는 것이 아닌가?

많은 목사님들이 신학교에서 변증학을 배울 때는 너무 어려워서 실제로 목회할 때는 써 먹지 않는다고 하는데, 여기에 대한 대답은 성경적인 변증학이 아니었다는 것입니다. 변증학은 지성인이냐 아니냐가 문제가 아닙니다. 그래서 한 달에 한 번씩 하는 변증설교를 5세 이상이라면 모두가 알아들을 정도로 합니다. 그래서 변증설교를 할 때에는 아이들도 참석하게 합니다. 그래서 가끔 어린이들과 대화할 수 있도록 쉽게 준비를 합니다. 이렇게 함으로써 저에게 유익한 것은 저의 설교가 아주 쉽도록 훈련받을 수 있을 것입니다.

쉐퍼 박사가 말하기를, 말구유를 낮추어 양이 먹을 수 있도록 하면, 모든 동물이 와서 먹을 수 있다고 말하였습니다. 놀라운 것은 아이들이 알아들을 수 있게 설교하니까 어른들이 더 유익했다고 고백하는 것이었습니다.

변증설교는 어떻게 준비하는가?

1. 듣는 이가 도전을 받게 준비해야 한다

우리는 듣는 사람들의 마음에 도전을 줄 수 있도록 준비해야 합니다. 설교를 준비하면서 그러한 마음의 자세를 항상 지녀야 합니다. 우리가 생각하는 이 주제가 바로 이 세상에 공격을 가장 많이 받고 있는 방법입니다. 그래서 질문을 하되 성도들이 세상에서 어떤 면에서 가장 심한 공격을 받고 어려움에 처해 있는가를 생각하면서 준비해야 합니다. 그리고 본문을 설명하려고 준비할 때 하나님의 말씀이 세상의 어떤 사상과 정반인지를 잡아낼 수 있어야 합니다. 그래서 디도서 1:9은 이렇게 말합니다.

"미쁜 말씀의 가르침을 그대로 지켜야 하리니 이는 능히 바른 교훈으로 권면하고 거스려 말하는 자들을 책망하게 하려 함이라."

바울이 말하고 있듯이, 무엇이 이 말씀을 적대하고 있는가를 찾아내야 합니다. 쉐퍼는 설교자가 설교를 아무리 명백하게 해도, 아무리 크게 소리를 질러도 세상에서 설교자가 공격받고 있는 점을 잡지 못하고, 드러내지 못하면 그 설교는 실패라고 합니다. 그래서 저도 성경구절을 읽을 때에 세상에서는 이 구절을 어떻게 알고 있를 발견하기 위해 노력합니다. 그리고 교회는 이 구절에 대해 어떤 혼돈된 생각을 가지고 있는지를 알아봅니다. 그리고나서 사람들에게 그 본문을 가지고 진리를 전합니다.

이렇게 설교를 하면, 결과적으로 믿는 사람의 신앙을 북돋아주고, 그들이 믿는 믿음의 근거가 무엇인지를 확실하게 해주고, 그들이 가지고 있는 신앙을 이웃에게 전할 때 어떻게 전할 것인가를 배웁니다. 그런 설교를 계속 듣는 이들은 변증할 수 있는 바른 전도자가 될 것입니다. 이것이 신약에서 기대하고 있는 것입니다.

2. 듣는 이의 지정의를 움직일 수 있도록 준비한다

듣는 회중들이 마음을 움직일 뿐만 아니라 그들의 정서와 의지도 움직일 수 있도록 설교해야 합니다. 그들이 살면서 가지고 있는 마음과 의지가 숭상하고 있는 우상을 알아서 그것을 공격해야 합니다. 그들의 우상이 돈이든지, 섹스이든지, 향락이든지 간에 세상으로부터 받은 그 우상을 공격해야 합니다.

제가 세인트 루이스에서 6년 동안 일하는 동안 애석하게도 세상에서 당면한 실제적인 문제에서 한번도 설교를 들어본 적이 없습니다. 성경은 사업에 대하여 어떻게 돈을 벌고 써야 하는가를 말하고 있는데 거기에 대한 설교가 없는 것은 이상합니다. 바로 우리가 사는 환경 속에서 일어나는 문제를 잡아서 설명해 줄 수 있어야 하는 것입니다.

저는 교회에서 이제까지는 십일조생활을 강조하는 말은 많이 들었지만 돈을 어떻게 벌고 써야 하는가에 대한 설교는 들어보지 못했는데, 예수님은 돈에 대해서 얼마나 많이 말하고 있습니까? 돈은 미국에서나 한국에서나 다 우상입니다. 저는 변증설교를 할 때 돈이나 성공을 주제로 설교합니다. 하나님께서 이렇게 설교할 때 능력있게 사용하십니다.

우리가 헌신하고 추구하는 우상들은 우리를 행복하게 하는 것이 아니고 인간성을 파괴하는 것이라고 가르쳐야 합니다. 그래서 하나님의 진리만이, 하나님만이 따를 가치가 있고 마음을 두어야 하는 분임을 가르쳐야 합니다.

앞서 말씀드린 대로 이사야는 우상에 대해 도움이 되는 말을 합니다. 이사야가 거기서 우상에 대해서 말을 할 때 좋은 도구를 사용하는데 그것은 대조입니다. 40-49장까지 하나님의 영광과 우상의 허무함을 대조하고 있습니다. 이것을 염두해 두고 이사야를 읽으면 많은 도움이 됩니다. 목사들은 이사야가 말한 것들을 기억하면서 현대 성도들에게 설교하면 좋습니다.

이런 능력 있는 하나님의 말씀, 하나님의 영광을 드러내고 우상의 허무함을 드러내는 시적인 표현이 있습니다. 이런 이사야의 메시지로 설교해도 성도의 마음이 변하지 않으면 그것은 문제가 큰 것입니다.

3. 약점을 알아야 한다

사람의 마음과 의지를 변화시키는 설교를 해야 되는데, 이에 해당하는 질문은 이것입니다. 문화에서 가장 큰 약점은 무엇인가? 복음을 전하는 데 있어서 가장 큰 약점은 무엇인가? 모든 사람들에게는 복음을 받아들이는 일에 있어 꼭 어떤 장애물이 있습니다. 만약에 현대문화에 장애물이 무엇인가를 알려면, 이 문화의 강점을 알아야 합니다. 왜냐하면 개인적으로 보아도 가장 큰 강점이 약점이 될 수도 있기 때문입니다.

예를 들자면, 아주 강한 의지가 그 사람의 장점이 될 수 있지만, 한편으로는 고집세다는 단점으로 나타날 수도 있습니다.

유대 사람들을 봅시다. 그들의 강점으로 율법에 대한 열심을 들 수 있겠습니다. 1세기 때, 유대 사람들만큼 세상에서 율법을 사랑하고 지킨 사람들이 없었습니다. 그들의 의는 율법을 잘 지킴으로 가능했는데, 그것이 그들의 가장 큰 약점이 되었습니다. 법을 잘못 사용하는 것을 의를 위한 도구로 삼았습니다. 사도 바울과 예수님이 유대교에 대해서 가장 강렬하게 공격했던 것은, 유대 사람들의 그러한 면이었는데, 유대인들은 그와 같은 비난을 듣지 못했습니다.

헬라 사람들의 강점은 지혜였습니다. 헬라 사람들은 당시에 볼 수 없었던 철학을 가지고 있었습니다. 그래서 어떤 역사가는 세상에서 배우는 모든 철학이 음식에 들어가는 후추에 지나지 않았다고 말했습니다. 지금의 철학은 헬라 철학자들이 이미 던져놓은 질문들을 다루고 있는 정도에 불과합니다. 헬라 사람들의 지혜가 당시에도 그들의 지혜로 큰 영향을 미쳤고 지금도 미치고 있습니다. 그런데 가장 큰 장점인 지혜가 약점이 되었습니다. 그들이 교만해졌기 때문입니다. 그들은 지혜로 하늘에라도 올라갈 수 있다고 믿었습니다. 그리하여 바울이 세상의 지혜에 대한 공격을 하고 있는 것입니다.

미국에서 현재 가장 강점이라고 할 수 있는 것은 자유입니다. 미국은 여태까지 인류역사상 어느 때보다, 어는 곳보다 가장 자유를 잘 누리고 있습니다. 정치, 종교, 경제적인 자유가 있습니다. 그렇지만 그것이 현대 미국의 약점이 되었습니다. 미국인들이 자유로 인해 매우 자랑스러워합니다. 그러나 그 자유가 미국의 문화를 파괴하고 있습니다. 그래서 미국에서 복음을 전하려면 자유를 공격해야 합니다. 자유 때문에 사람들이 그리스도를 알기를 거부합니다. 자기가 왕이 되어서 살기 때문입니다.

한국의 장점은 무엇입니까? 우리는 자랑할 수 있는 것을 공격해야 되는데 그것이 약점이 되기 때문입니다. 그 장점 때문에 그리스도의 복음을 듣기 싫어하기 때문입니다. 한국사람의 마음과 의지로 화살을 돌려야 하는데, 장점 때문에 마음이 교만해진 것에 화살을 돌려야 합니다. 장점이라고 할 수 있는 것은 우리가 의지할 것이 못됩니다. 그리스도만 의지해야 합니다.

4. 상상력을 이용하여 전하라

복음은 가장 극적인 이야기들로 쓰였습니다. 물론 예수님께서 이런 것들을 잘 실행하셨습니다. 비유를 보십시오. 그것은 극적인 작품들입니다.

우리가 금세기에 누가 가장 유명한 변증자였던가 묻는다면, 의심할 것 없이 영국의 영문학자 C.S 루이스일 것입니다. 그의 작품은 영어판으로 일 년에 6,7백만 부가 나갑니다. 그가 어떻게 변증자로 성공을 했는가 묻는다면, 답 중에 하나가 그의 풍부한 상상력일 것입니다. 그는 직접적으로 변증에 관한 책도 썼고, 고통의 문제도 썼습니다.

그는 그런 책들을 쓴 후에 아주 흥미있는 체험을 했습니다. 그가 한번은 영국의 철학자들과 공개토론을 했습니다. 그의 저서 「기적」이라는 책에 대해 토론을 했습니다. 그 토론에서만은 그가 졌습니다. 그 토론에 실패한 후에 자기의 책 「기적」을 다시 썼습니다. 그러나 그후에 그가 쓴 모든 책은 상상력이 풍부한 책입니다.

루이스의 책들은 변증적인 것도 있고, 상상력 풍부하게 쓰여진 것도 있습니다. 상상력이 풍부한 그의 책을 읽고 회심한 많은 사람을 보았습니다. 루이스는 이렇게 표현합니다. '복음을 듣기 싫어하는 세대에게 어떻게 전할 수 있을까?' 대답은 '상상력을 사용해서 글을 쓰라, 그래서 그렇게 쓴 작품을 택해서 본인이 모르는 사이에 마음 깊이 들어갈 수 있도록 하라' 는 것입니다.

　이것이 바로 예수님께서 비유로 말씀하신 이유입니다. 왜 그런가 하면, 보통 말로 하면 사람들이 알아듣지 못하기 때문입니다. 따라서 예수님이 이런 상상력이 풍부한 비유를 하였듯이, 설교를 준비할 때는 상상력을 동원해야 합니다. 복음의 스토리는 인간이 생각할 수 없을 만큼 상상력이 풍부한 것입니다. 하나님이 이 세상에 오셔서 우리를 위해 돌아가셨다는 이야기들은 가장 상상이 풍부한 내용입니다.

종교개혁의 지적 전통

"지혜 있는 자는 궁창의 빛과 같이 빛날 것이요 많은 사람을 옳은데로 돌아오게 한 자는 별과 같이 영원토록 비취리라"(단 12:3).

"형제들아 우리가 너희에게 구하노니 너희 가운데서 수고하고 주 안에서 너희를 다스리며 권하는 자들을 너희가 알고"(살전 5:12).

종교개혁의 주요인물로서 요한 칼빈에 대해서 말씀드리면서 종교개혁의 지적 전통에 대해 살펴보겠습니다. 다니엘 12:3과 데살로니가전서 5:12을 소개한 이유는 말씀을 전하는 자를 존중하라는 의미에서입니다.

칼빈이 살았던 시대적 환경

먼저 처음에 칼빈이 살았던 주위의 환경과 생애에 관해 말씀드리겠습니다. 중세 때, 유럽의 많은 사람들은 거의 대부분 무식한 사람들이었습니다. 15세기에 유럽에서 일어난 르네상스 때에야 비로소 새학문이 시작되었습니다. 1450년에 독일의 구텐베르크가 인쇄술을 발명한 것이 학문을 하는 데 큰 도움이 되었습니다. 그래서 존 칼빈이 탄생한 1605년에는 이미 학문이 많이 발전해 있었습니다. 당시에는 보편적인 교육이 이뤄지지 못했기 때문에 쓰거나 읽지 못하는 사람이 대부분이었습니다.

1517년, 존 칼빈이 어린아이였을 때 루터가 95개조 항의문을 자기 교회 앞에 붙였습니다. 물론 마르틴 루터가 내붙인 95조라는 것은 로마교회가 하고 있는 것이 성경에 위배된다는 것이었습니다. 루터의 작품은 곧 영국, 프랑스, 네덜란드, 독일에 많은 영향을 미치게 되었습니다. 이 작품은 종교적인 작품으로서, 당시 유럽 사람들은 중세의 교리를 믿고 있었습니다. 루터의 작품에서 로마교황을 공격하는 중요한 내용은 성경적이 아니었다는 것이었습니다.

그 다음은 믿음으로만 의를 얻는다, 즉 만인제사장론입니다. 루터의 가르침이 유럽에 퍼지면서 정치에도 영향을 미치게 되었습니다. 이것은 중요한 현상인데, 앞서 우리가 믿는 신앙이 생활과 어떻게 관련이 있는가를 논했는데, 역사를 연구해 보면, 신앙의 부흥이 삶에 많은 영향을 미친 것을 알 수 있습니다. 교황은 종교적인 영향력뿐만 아니라 정치적인 영향력도 가지고 있었습니다. 아직도 가톨릭 국가는 종교가 큰 정치적인 영향력을 행사합니다.

이 루터의 가르침에 의해서 많은 사람들이 로마의 종교적이고 정치적인 권위에 반대하고 나섰습니다. 예를 들어, 스위스의 베른, 취리히, 제네바, 이 세 곳에서 로마의 정치적인 권위에 반대해서 일어났습니다. 스위스의 파렐(Guillaume Farel)이라는 종교개혁자가 1535년에 제네바에 와서 종교개혁을 외쳤습니다. 파렐은 제네바뿐만 아니라 여러 도시, 산중에서도 가서 설교했습니다. 스위스 라브리가 바로 파렐 목사님이 와서 설교한 곳입니다. 그래서 스위스 라브리에는 연구 센터가 하나 있는데 그 집을 '파렐 하우스'(Farel House)라고 합니다.

이러한 환경에서 칼빈은 젊은 시절을 보냈습니다. 칼빈은 1509년부터 1564년까지 살았습니다. 14살에 파리의 대학에 공부를 하러 갔는데 젊은 나이에 대학에 간 것을 보면 머리가 좋았던 것 같습니다. 거기서 공부할 때 르네상스의 인본주의의 영향을 받게 되었습니다. 인본주의라는 것은 여러 가지 의미로 사용합니다.

첫째 의미는 원래 고전을 사랑하고 배우는 것을 뜻했습니다. 인문학을 공부한다는 뜻이었습니다. 당시에 휴머니즘 운동은 급진적인 운동이었는데, 칼빈은 거기에 가담했습니다. 휴머니즘에는 두 가지 강조점이 있었습니다. 헬라와 로마의 고전을 공부하는 것이었습니다. 그 다음은 에라스무스의 성경공부로, 그는 성경을 원어로 공부하기 시작했습니다. 에라스무스는 개혁을 하려면 성경을 원어로 공부해야 한다고 했습니다. 이러한 것이 칼빈의 주변환경이었습니다.

칼빈의 생애와 활동

칼빈은 히브리 어, 헬라 어, 라틴 어에 정통했습니다. 파리에서 성경도 배우고 고전도 많이 배웠습니다. 거기서 헬라, 로마의 법과 문학과 극을 공부했습니다. 칼빈은 당시 휴머니스트였습니다. 그는 일생동안 휴머니즘을 지속했습니다. 파리와 리옹, 바젤 등지에서 법률가로 활동했습니다. 바젤에 있을 때 개신교로 회심했습니다. 그리고는 다시 파리로 돌아와서 학문을 마쳤습니다.

1532년 23세 때 처음으로 책을 썼습니다. 세네카의 「데 클레멘티아」(De Clementia)라는 책의 서평입니다. 〈정치계에 있어서의 자비)라는 제목으로 책에 대한 주석을 썼습니다. 바로 그후에 「기독교강요」를 쓰기 시작했습니다. 「기독교강요」는 처음에는 7장밖에 없는 책이었습니다. 기독교교리를 공부하는 소그룹을 위한 글이었습니다. 1536년, 그가 27세에 그 책을 썼습니다. 그리고 그 소책자를 보완하고 늘려 가면서 일생을 바쳤습니다. 어떤 책은 라틴 어로, 어떤 책은 프랑스 어로 썼습니다. 당시의 학자들은 라틴 어를 공부했습니다.

그의 인간적인 성품은 수줍음이 많고 내성적이었습니다. 그가 원했던 것은 일생 동안 상아탑에서 공부하는 것이었습니다. 그는 학자가 되기 원했고 글을 쓰고 독서를 좋아했습니다. 그가 개신교로 회심하고 1, 2년 안에 사람들을 가르치기 시작했는데, 많은 사람들이 감동을 받고 계속 가르칠 것을 원했습니다. 파렐이 "당신이 가르치지 않으면 하나님의 저주를 받을 것"이라고 말하였을 정도였습니다.

1537년, 28세 때 독일에 있는 스트라스부르크의 목회장으로 불려갔습니다. 거기서 목회를 하면서 사람들을 가르치기 시작했습니다. 존 칼빈이 평생 원했던 일은 교육이었습니다. 그래서 스트라스부르크 시 모든 아이들이 학교에 가서 공부할 수 있도록 학교를 세우고 싶어했습니다. 그는 교육이란 소수 엘리트를 위한 것이 아니라고 생각했는데, 당시로는 혁명적인 생각이었습니다. 그리고 모든 부모들은 자녀를 무료로 학교에 보낼 권리가 있다고 하였습니다.

계속해서 교육에 대해서 연구하다가 제네바로 이사를 갔습니다. 거기서 제네바의 아카데미라고 할 수 있는 학교를 세우려고 했습니다. 제네바의 모든 아이들이 다닐 수 있는 학교를 열었습니다. 학교를 세운 후에 자기가 학교의 행정을 모두 맡았습니다. 6세 이하의 어린이들이 다닐 수 있는 유치원도 만들었습니다. 6-15세는 칼리지라는 학교에 보냈습니다. 거기서 읽고 쓰고 하는 것을 배우고 수학이나 성경을 가르쳤습니다. 그리고 16세 이상은 소위 대학을 보냈습니다. 그래서 거기서 학생들의 나이에 따라 배울 수 있도록 등급을 매겼습니다. 그리고 선생들이 학생들을 그들의 능력에 따라 가르치도록 감독했습니다. 한편으로는, 학교를 세우기 위해 자금을 조달하려고 열심히 뛰었습니다. 자기가 직접 땅을 골라서 샀고, 선생도 채용했습니다. 학교의 법규도 만들었습니다. 그리고 학급마다 차별을 두어 나이가 먹으면 다음 클래스로 넘어가도록 했습니다.

칼빈은 처음으로 학교운영을 자세한 법규로 만들어서 누구든지 알기 쉽고, 모방하기 쉽게 했습니다. 그래서 모든 유럽 학교들이 칼빈이 세운 학교를 모방하여 운영하기 시작했습니다. 각 과마다 과장이 있어서 그 과의 교육이 잘 될 수 있도록 감독하게 했습니다.

매년 말 학생은 어떤 제목을 가지고 논문을 써야 했습니다. 참신한 방법이었는데, 논문을 검사하는 선생은 담임이 아니고 독립된 담당교사였습니다. 그래서 차별을 드지 않는 방법을 썼습니다. 학생이 그 반에서 성공적으로 공부를 끝내면, 다음 반으로 넘어가서 하고 논문에 대한 상금을 주기도 했습니다.

대학에 들어가고 난 후에는 사정이 달랐습니다. 대학에서는 법규 같은 것이 거의 없었습니다. 대학공부를 할 때는 강의에는 참석을 하지만 그 이외에는 전적으로 자신에게 달려 있었습니다. 유럽의 대학은 지금도 그렇게 하고 있습니다. 혼자서 독립적으로 공부해야 하는 외로움이 있습니다. 성인이 되었기 때문에 자기가 알아서 공부해야 하는 분위기입니다.

칼빈이 시작한 교육제도는 고전연구에 많은 주의를 기울였습니다. 물론 고전이라고 하면 옛날 로마의 문학작품입니다. 선생은 고전을 가르칠 때 비판을 하지 않고 중립적인 입장에서 가르치게 되어 있었습니다. 칼빈이 이런 제도를 학교운영에 적용하였습니다. 선생은 가르치는 저자에 대해서 공격을 하지 않고 조심스럽게 뜻을 설명해주어야 한다고 했습니다. 칼빈은 그리스도인들도 플라톤의 작품들을 공부해서 큰 유익을 얻을 수 있다고 믿었습니다. 그래서 플라톤과 속세의 많은 사람들의 작품을 거부하는 것은 성령을 거부하는 것과 마찬가지라고 하였습니다. 그래서 당시의 그리스도인들은 성경뿐만 아니라 이방인의 책도 공부하였습니다.

칼빈이 일반은총을 가르친 것은 모두 알고 있습니다. 칼빈은 하나님께서 인류를 버리시지 않고, 비록 일그러졌지만 하나님의 형상을 남겨 주셔서 세상의 지혜도 배울 것이 많다고 하였습니다. 그리고 말하는 것과 쓰는 기술을 배우는 데 중점을 두었습니다. 학교에서 웅변술과 글 쓰는 방법도 가르쳤습니다.

고린도전서 1:17에서 바울은 이렇게 말합니다.

"그리스도께서 나를 보내심은 세례를 주게 하려 하심이 아니요 오직 복음을 전케 하려 하심이니 말의 지혜로 하지 아니함은 그리스도의 십자가가 헛되지 않게 하려 함이라."

칼빈은 바울이 고린도전서 1:17에서 웅변술 자체를 공격하는 것이 아니라고 하면서 하나님의 좋은 선물이라고 하였습니다. 여기서 학생들은 말을 하는 것과 쓰는 법을 배우면서 이방인의 책들도 많이 보았습니다.

마지막으로 학교는 세금을 거두어서 운영했습니다. 모든 학생들이 다 학교를 갈 수 있었는데, 가난한 가정의 자녀는 무료로 공부를 시켰습니다. 그는 부유한 가정의 자녀만 가르친 것이 아니라 모든 학생이 배워야 한다고 했습니다.

이 아카데미는 유럽에 영향을 미쳤습니다. 제네바는 문학과 신학의 중심이었습니다. 여러 나라에서 학생들이 칼빈 밑에서 배우려고 모여들었습니다. 스코틀랜드의 존 낙스는 제네바의 학교를 '그리스도의 완전한 학교'라는 이름을 붙였습니다. 칼빈에게서 배운 모든 문하생들이 귀국하여 그런 학교를 세웠습니다. 케임브리지의 '임마누엘'이라는 학교도 바로 그와 같고, 옥스퍼드, 스코틀랜드에도 그런 학교가 있습니다.

그리고 이런 교육사상을 가진 칼빈주의자들이 미국으로 가서 활동했습니다. 그들은 미국 뉴잉글랜드로 건너가서 학교를 세웠습니다. 바로 1630년에 제네바 학교를 본따서 미국동부 메사추세츠에 학교를 세운 것인데 그것이 하버드의 전신입니다. 교육에 관한 법제도를 세우기 시작했고 모든 도시에 학교를 세웠습니다. 메사추세츠에서 교육자금은 어부들이 내는 세금으로 충당하였습니다. 어떤 사람은 칼빈주의로 말미암아 미국에 좋은 교육제도가 시작되었다고 평을 했습니다.

칼빈주의는 교육을 과학으로 승격시켰습니다. 칼빈주의는 과학의 중요성을 인정했습니다. 중세 때에 신학 밑에 속박되었던 과학을 해방시켰습니다. 칼빈은 후기 르네상스로 발전되었던 신학문에 많은 관심을 보였습니다. 물론 중세 때, 갈릴레오와 같은 학자를 가톨릭에서 핍박한 적이 있었습니다. 프린스턴 이하 기타의 학교들이 칼빈을 본받아서 세워졌습니다.

칼빈은 서양의 교육제도, 교육역사에서 가장 큰 영향을 미친 사람이라고 해도 과언이 아닙니다.

칼빈의 하나님주권사상

칼빈은 하나님의 주권에 대해서 어떻게 생각하였습니까? 칼빈은 하나님이 우리의 모든 생활에서 주권을 가진다고 했습니다. 칼빈은 하나님은 주권자요, 통치자요, 다스리는 자라고 하였습니다.

하나님은 우리 생활의 모든 면의 주권자이기 때문에 생활의 모든 면은 그에게 중요하다는 것입니다. 그렇기 때문에 칼빈은 생활의 모든 면에 관심을 가졌습니다. 결과적으로, 우리도 생활의 모든 면이 중요시되어야 한다고 생각합니다.

유럽에서 "개혁주의라는 것이 무엇인가"라고 물으면, 대답은 "우리가 모든 생활에서 주님을 주로 모시고 사는 것"이 됩니다. 바로 역사가들은 칼빈이 종교개혁에 이바지한 점이 그와 같은 것이라고 합니다.

그는 법과 과학과 경제에 관심을 갖고 있었고, 예를 들어, 금융에 있어서 이자를 2퍼센트 이상 받아서는 안 된다고 했습니다. 또한 칼빈은 정치에도 관심을 가졌습니다. 따라서 우리가 하는 모든 생활의 장에서 하나님께 영광을 돌려야 합니다. 그리고 음악과 미술에도 관심이 많았습니다. 파리에서 당시에 왕정에 있는 음악사가 제네바 학교로 와서 음악학과장이 되었습니다. L. 부르주아(L. Bourgeois)가 그 사람입니다. 그가 지은 찬송으로는 한국찬송가 1장이 대표적입니다.

칼빈이 우리 생활에 있어서 주님께 영광을 돌리며 살아야 된다고 말한 것에 대해 알고 싶으시다면, 두 가지 책을 소개하겠습니다. 그의 이론 중 한 가지는 우리 문화의 모든 면을 실천할 때 문화의 모든 면이 하나님께 영광이 되도록 발전시켜야 한다는 것입니다. 아브라함 카이퍼의 「칼빈주의의 강의」라는 책이 있습니다. 그냥 「칼빈주의」라고 제목이 붙어 있습니다. 아브라함 카이퍼는 학자이면서 정치가였습니다. 그는 네덜란드에 자유대학을 세우고 수상까지 지낸 사람입니다. 그 다음은 맥닐이라는 사람이 쓴 「칼빈주의의 역사와 특성」이라는 책입니다.

칼빈의 작품들

칼빈의 작품에 대해서 잠깐 말씀드리겠습니다. 칼빈은 「기독교 강요」라는 책을 죽을 때까지 수정했고 12번이나 증판을 냈습니다. 처음에는 7장이었는데 죽을 때는 79장이라는 방대한 책이 되었습니다. 기독교의 위대한 고전입니다. 아주 논리정연하고 구성이 잘 된 책입니다. 프랑스 어로 썼는데 문체도 아주 아름답다고 합니다.

그가 글을 쓰는 원칙은 첫째로 분명하게, 다음에는 존엄성 있게였다고 합니다. 칼빈은 프랑스 어를 잘 구사해서 스타일만 보더라도 능숙한 작가였습니다. 16세기 프랑스 작가 중에 하나는 칼빈, 하나는 몬테익이라는 사람입니다. 만약 불문학을 공부하는 사람이라면 반드시 칼빈을 읽어야 합니다. 제 아내가 〈칼빈이 끼친 영향〉이라는 논문을 쓸 때, 「기독교강요」를 윌어로 같이 읽었습니다. 참으로 아름다운 책이었습니다. 눈물이 날 정도로 아름다웠습니다.

그리고 많은 성경주석도 썼습니다. 칼빈은 자신이 제네바에서 가르쳤던 것을 책으로 썼습니다. 아카데미에서 강의를 했습니다. 주석을 읽으면 역시 그의 프랑스 어 스타일을 읽을 수 있습니다. 교실에 들어가 공부하기 전에 기도를 하는데 특히, 예레미야주석은 기도하는 장면이 많이 나오는데 아름다운 문체입니다.

그리고 칼빈은 문자적 해석의 대가입니다. 성경의 본문을 해석하는 데 있어서 문단의 정황을 이해하는 것이 중요하다고 했고, 본문의 역사적 배경을 아는 것이 중요하다고 했습니다. 그리고 이 문단을 쓸 때에 저자의 의도를 알아야 한다고 하면서 풍유적 해석(알레고리컬 해석)방법을 거부했습니다.

또한 성경해석에 있어서 중요한 점은 자기의 신학을 가지고 성경을 해석하지 않고 성경에서 말하는 것을 끌어내려고 했습니다.

칼빈 후에 많은 칼빈주의 주석가들은 그와 반대로 성경을 해석했습니다. 후세에 알미니안은 칼빈의 대적이었습니다. 알미니안들은 신학적인 면에서는 칼빈과 대적이었지만, 그들은 칼빈의 주석을 가리켜 성경 다음이라고 칭찬을 했습니다.

저는 설교를 준비할 때 그 어떤 책보다도 칼빈의 주석이 도움이 되었습니다. 왜 그러느냐 하면 성경말씀에 굉장히 영적인 의미에 관심이 많고 목회적 관심이 많았기 때문입니다. 그리고 개인의 영성에도 칼빈의 주석이 도움이 됩니다. 다른 주석들은 학구적이고 메마른 것이 많은데 칼빈은 그렇지 않습니다.

칼빈의 정치사상

마지막으로, 칼빈은 정치사상에도 많은 영향을 미쳤습니다. 칼빈이 쓴 주석이나 강요를 읽으면 정치에 대해서 계속 말하고 있습니다. 강한 자나 약한 자나, 부자나 가난한 자나, 남자나 여자나, 모두 하나님으로부터 창조를 받았다고 하면서, 그렇기 때문에 누구든지 인간 위에서 다스릴 자격이 없다고 합니다. 우리는 하나님 앞에서 동등하기 때문에 인간사회에서도 동등해야 한다고 했습니다.

아브라함 카이퍼는, 칼빈주의는 노예제도와 카스트제도를 비난한다고 하였습니다. 보이지 않는 배후에서 핍박받는 여자들과 불쌍한 사람들, 칼빈은 이런 사람들 사이의 모든 계급주의를 거부합니다. 칼빈주의는 군국주의를 거부합니다. 칼빈주의는 민주주의 근본이라고 할 수 있습니다. 왜냐하면 모든 사람이 하나님의 형상을 가지고 있기 때문이다.

예를 들면, 스위스에는 세계에서 유일하게 계급제도가 없습니다. 모든 사람이 중류계급이라고 생각합니다. 귀족계급, 노동계급이 없습니다. 이것이 칼빈주의의 결과입니다.

그리고 칼빈은 교회의 치리에 대해서 말합니다. 칼빈이 제네바에서 교회를 세웠을 때, 네 개의 직분을 두었습니다. 첫째는, 소위 '박사'라고 해서 이 사람은 신학교의 교수와 같이 가르치는 자였습니다. 그러나 이런 학자들은 천주교의 주교와 같은 사람이 아니고 단지 가르치는 자였습니다. 다음에 목사들과 집사들과 회중들입니다. 장로는 회중의 대표로 간주되었습니다. 특히, 미국의 장로교의 역사는 지금까지도 민주주의의 정치제도를 실시하고 있습니다. 물론 이러한 제도 하에서는 평신도들이 교회운영에 직접 참여하게 되어 있습니다. 이런 정치제도와 민주적인 만인제사장이라는 성경사상을 합하면 굉장히 힘있는 것이 됩니다. 이런 것이 정치에도 영향을 미치게 됩니다

영국의 뮐린져라는 목사는 제네바에서 배워서 영국에서 실천했습니다. 칼빈의 영향이 1570년대 모든 부분에서 영향을 미치고 있었습니다. 이 시기에 의회의 대부분이 장로교인이었습니다. 물론 영국국교의 회원이었지만 그들의 신앙 자체가 장로교사상이었습니다. 그래서 의회에서 투표를 해서 여왕의 권세를 제한하는 법안을 통과시키고 의회의 발언권을 높였습니다. 그들이 국민의 대표이기 때문입니다. 엘리자베스 1세가 의회의 민주적 흐름을 보고 싫어하여 의회를 해산하였습니다.

그래서 칼빈주의사상은 1640년 경까지 퍼져서 당시의 왕족의 권세를 제어하기 위하여 내전이 일어나게 했습니다. 내전의 지도자들은 칼빈주의자였습니다. 그 당시에 웨스트민스터집회에서 신앙고백이 집대성되었고, 그것이 전세계의 장로교신조가 되었습니다. 칼빈주의의 정치이론에 아주 중요한 것은 누구든지 법 위에 서면 안 된다는 격언에 있습니다. 바로 영국의 내전으로 말미암아 왕실의 권세를 제한시켰다는 것입니다. 이 정치운동이 화란까지

퍼져서 네덜란드를 지배하고 있던 에스파냐 왕조를 내쫓고, 미국에서는 독립전쟁을 하게 되고 헌법의 기초가 되었습니다. 제가 미국의 헌법이 전적으로 칼빈주의라고 주장하는 것은 아니지만 기독교사상과 킬빈주의사상이 들어 있습니다.

칼빈은 혁명에 관해서도 작품을 썼습니다. 칼빈은 「기독교강요」에서 독재자가 있다고 하면 국민을 대표하는 사람이 권세자를 제어하고 내쫓을 수 있다고 합니다. 그래서 칼빈 이후에 모든 나라와 중세의 정치형태를 가지고 있는 나라들, 그리고 가톨릭은 칼빈주의를 적으로 생각했습니다. 민주적인 사상 때문에 그러하였던 것입니다.

이것이 바로 우리 생활 전영역에 걸쳐 칼빈주의가 영향을 미친 면입니다. 동서양의 문화는 칼빈주의의 영향을 받았다고 할 수 있습니다. 그래서 우리에게 큰 영향을 미친 사람을 존경한다는 차원에서 처음에 그런 성경말씀을 읽은 것입니다.

복음을 위한 다리 놓기

바울의 전도방법(Practice)

바울은 듣는 사람들의 생각을 이해했습니다. 사도행전 14장에서 회당에 들어갔을 때 사도 바울이 사용한 다리는 분명합니다. 구약이었습니다. 그들이 하나님의 율법을 존중하는 것과 메시아를 기다린다는 점이었습니다. 사도행전 14장은 정말로 다리를 잘 놓은 예입니다. 아덴으로 갔을 때는 물론 다리가 변합니다. 사도행전 17장에는 네 가지 다리를 쓰고 있습니다.

1. 전도대상자의 종교에 대한 열성을 인정한다

그들의 종교성이 열심인 것을 존경합니다. 그들의 예배의 대상이 틀렸다고 할지라도 예배드리는 열정을 인정하는 것입니다.

2. 그들의 사상을 이용한다

그들의 철학자와 작가들의 이야기를 사용하는 것입니다. 사도행전 17:24에, "우주와 그 가운데 있는 만유를 지으신 신께서는 천지의 주재시니 손으로 지은 전에 계시지 아니하시고"라고 하는데 이 말씀은 플라톤의 저서 「티마이우스(Timaeus)」에서 인용한 것입니다. 27절, "이는 사람으로 하나님을 혹 더듬어 찾아 발견케 하려 하심이로되 그는 우리 각 사람에게서 멀리 떠나 계시지 아니하도다"는 플라톤의 「공화국」에 나오는 것입니다.

25절을 보면, "또 무엇이 부족한 것처럼 사람의 손으로 섬김을 받으시는 것이 아니니 이는 만민에게 생명과 호흡과 만물을 친히 주시는 자이심이라"는 말씀이 있습니다. 이것은 자기가 부족해서 무엇을 만들어 놓고 받으려는 하나님이 아니라는 것입니다. 중심 사상은 하나님은 우리들로부터 아무것도 필요한 것이 없다는 것입니다. 이 말씀은 스토아 학파의 사상을 인용한 것입니다. 하나님이 모든 것의 근원이라는 사상입니다.

28절에는, "우리가 그를 힘입어 살며 기동하며 있느니라 너희 시인 중에도 어떤 사람들의 말과 같이 우리가 그의 소생이라 하니"가 나오는데 이 말씀은 에피메니데스의 시를 인용한 것입니다.

에피메니데스에서 인용한 말은 디도서 1:12에서도 인용하고 있습니다. "그레데인 중에 어떤 선지자가 말하되 그레데인들은 항상 거짓말장이며 악한 짐승이며 배만 위하는 게으름장이라 하니." 너희들의 선지자가 말하는 것과 마찬가지로 그레데 사람들은 게으른 동물이라는 말을 인용한 것입니다.

29절에, "이와 같이 신의 소생이 되었은즉 신을 금이나 은이나 돌에다 사람의 기술과 고안으로 새긴 것들과 같이 여길 것이 아니니라"는 말씀이 있습니다. 여기서 신의 소생이 되었다는 것은 오라투스에서 인용한 것입니다. 그 시의 내용은 하나님께서 우리 모두에게 생명을 주셨다는 내용입니다.

3. 그들이 찾고 있는 신의 부족함을 일깨움

바울은 그 자신들이 찾고 있는 하나님의 부족함을 인용하고 있습니다. 29절에서 말한 것과 같이, 우리가 하나님으로부터 난 자들이기 때문에 하나님을 돌이나 금으로 비교해서는 안 된다고 했습니다. 다시 말해서, 속세의 철학자들과 우상을 배격했습니다.

마지막으로 예수님의 부활에 대해 말합니다. 31절에서, "이는 정하신 사람으로 하여금 천하를 공의로 심판할 날을 작정하시고 이에 저를 죽은 자 가운데서 다시 살리신 것으로 모든 사람에게 믿을 만한 증거를 주셨음이니라 하니라"고 합니다.

4. 그리스도의 부활을 증거함

그는 그리스도의 죽은 자 가운데서 다시 살리신 것을 증거합니다. 그리스도의 부활을 말하면서 그러한 모든 말을 하였던 것입니다.

제가 발견한 것 중에 흥미로운 것은 아레오바고에서 처음 있었던 이야기를 읽어본 적이 있습니다. 아레오바고는 시민이 가지고 있는 흥미로운 정치, 경제 등 정의를 가지고 와서 토론하는 광장이었습니다. '아리스페데스'라는 글에 브면, 이스클리스가 아레오바고가 어떻게 시작되었는가를 신화적으로 말하고 있습니다.

거기서 아폴로라는 신은 사람이 죽었다가 다시 살아난다는 것은 불가능하다고 말합니다. 그래서 아레오타고가 처음에 생길 때에는 부활은 있을 수 없다는 말로 끝을 냅니다. 그런데 바울의 말의 중심은 부활이 있다는 것입니다. 복음을 전하기 위해서, 부활이 있을 수 있다는 것을 알리기 위해서 여러 다리를 놓은 것입니다.

요한복음 1장에서, 사도 요한이 로고스라는 말을 쓸 때에 다리를 놓은 것입니다. 헬라와 유대에 다리를 놓는 작업입니다. 성 어거스틴이 회심하고 나서 요한복음 1장에 대해서, 그의 사상적 배경은 플라톤 철학이었는데, "나는 이미 사도 요한이 요한복음 1장에서 말하는 로고스의 배경에 대해서 다 알고 있었다."고 말합니다. 인류를 만들어 내고 지탱하고 도와주시는 하나님으로 알고 있었습니다.

그러나 요한복음 1:14에 와서 로고스가 육체가 되어 왔다는 것을 들었을 때 그 이야기는 아주 혁명적인 사상이었습니다. 그래서 사도 요한의 방법은 처음에는 듣는 사람이 알고 있는 이야기를 하고 14절에서는 전혀 모르는 이야기를 합니다.

"말씀이 육신이 되어 우리 가운데 거하시매 우리가 그 영광을 보니 아버지의 독생자의 영광이요 은혜와 진리가 충만하더라."

"태초에 말씀이 계시니라 이 말씀이 하나님과 함께 계셨으니 이 말씀은 곧 하나님이시니라"(요 1:1).

그리고 나서 바울이 사도행전 17장에서 이런 방법을 씁니다. 바울은 주위에 있는 이단들을 다 말한 다음에 전합니다. 누가나 마가 또는 마태복음에 많이 나오는 말이 있는데 그것은 '하나님의 나라'입니다. 그 말은 당시 모든 유대인에게 이해가 될 만한 것이었습니다. 그러나 이방인들에게 전도할 때는 하나님의 나라라는 말이 나오지 않습니다. 이방인들에게 전도할 때에는 다른 단어를 쓰는데 '구원'이라든가 '영원'이라는 말을 씁니다. '구원', '구원자', '영생'. 이런 것들은 황제숭배에 있어서도 썼던 단어이고 신비종교에서 사용했던 단어입니다. 그리고 '구속', '불멸'. 이런 단어들은 바로 신비주의종교에서 쓰던 단어들입니다. '중생'도 마찬가지이고 '양자 삼는다'는 단어는 로마시대의 입양도를 말하는 것입니다.

바울은 듣는 사람이 이해할 수 있는 단어를 씁니다. 그래서 사도 바울은 어디를 가든지 자신이 서 있는 문화 속에서 어떻게 복음을 전하는 길을 만들 수 있을까를 고민하고, 길을 발견한 후에는 복음을 전할 수 있도록 다리를 놓았습니다.

바울의 전도방법이 옳은 것인가?

그렇다면 이러한 방법은 옳은 것일까요? 거기에 대한 답은 물론 성경 전체적으로 볼 때, 당연히 옳다는 것입니다. 그럼에도 불구하고 깊이 생각해야 할 이유는 변증학을 사용하는 것을 불법이라고 생각하는 사람들이 있기 때문입니다. 이런 방법은 두 가지를 가정하고 있는데, 믿지 않는 사람의 이성을 인정하는 것이고, 그래서 설득가능한 그런 방법을 써야 한다는 것입니다. 그리고 이런 전도방법은 믿는 사람과 안 믿는 사람과의 공동관계를 인정하기 때문에 틀린 것이라고 합니다. 변증방법을 인정하지 않는 사람은 공동관계를 인정하지 않는 것입니다. 그들은 믿는 이와 믿지 않는 이의 세계는 분리되어 있다고 생각하기 때문입니다.

아래의 그림을 보시기 바랍니다.

<table>
<tr><td>믿는 자
하나님의 나라
선의 세계</td><td></td><td>안 믿는 자
마귀의 세계
악의 세계</td></tr>
</table>

두 세계는 떨어진 세계인데 전도하는 것은 다리를 놓는 것과 같습니다. 위에서 말한 사람들은 이러한 다리를 놓는 작업이 불가능하다는 것입니다. 그렇다면 여기에 대한 올바른 태도는 무엇입니까가?

첫째, 하나님이 만드신 두 나라가 아니고 나라는 하나밖에 없다는 것입니다.

둘째, 믿지 않는 사람이 만든 나라가 따로 있다는 것입니다. 안 믿는 사람들이 만들어 놓은 세계는 인생철학 같은 것으로 형성됩니다. 그러나 믿지 않는 사람들이 만들어 놓은 세계는 우리 실제의 세계와 부합되지 않습니다. 실제로 존재하지 않는 세계입니다.

하나님의 나라(믿는 자)		마귀의 나라(안 믿는 자)
믿는 자 하나님의 나라 선의 세계		안 믿는 자 마귀의 세계 악의 세계
	불신자가 실제로 사는 세계	

믿지 않는 사람은 사실은 두 세계의 중간에 살고 있습니다. 아래의 그림이 여러분의 이해를 도울 것입니다.

이 두 세계는 항상 중첩(over-lap)됩니다. 안 믿는 사람은 하나님이 만든 세계의 일부와 자기들이 만든 세계의 일부에서 삽니다. 만약에 믿지 않는 사람들이 자기들의 인생관에 따라 일관성 있는 삶을 산다면 하나님의 세계에서 다른 세상으로 떨어질 것입니다. 그들이 만든 인생관은 현실에서 완전히 떠나서 살아야 합니다. 완전히 현실에 맞지 않는 불합리한 삶을 살 수밖에 없습니다. 그러나 이때까지 이렇게 주장한 사람도 일관성 있게 산 사람은 아무도 없습니다. 두 세계의 중간에서 살 뿐입니다.

이렇게 표현할 수도 있습니다. 안 믿는 사람이 몸은 하나님의 세계에서 서 있고 얼굴은 자기들이 만든 세계를 향해 있습니다. 그리고 손은 하나님이 만든 세계에서 나오는 것을 쥐고 있습니다. 다시 말해서 안 믿는 사람은 거짓 속에서 살고 있는 것입니다. 안 믿는 사람들은 항상 하나님이 주신 선물을 받아먹고 살면서 자기 자신을 속이면서 삽니다. 그것이 바로 바울이 사도행전 14:15- 17에 나오는 루스드라 사람들에게 한 말입니다.

"가로되 여러분이여 어찌하여 이러한 일을 하느냐 우리도 너희와 같은 성정을 가진 사람이라 너희에게 복음을 전하는 것은 이 헛된 일을 버리고 천지와 바다와 그 가운데 만유를 지으시고 살아 계신 하나님께로 돌아오라 함이라 하나님이 지나간 세대에는 모든 족속으로 자기의 길들을 다니게 묵인하셨으나 그러나 자기를 증거하지 아니하신 것이 아니니 곧 너희에게 하늘로서 비를 내리시며 결실기를 주시는 선한 일을 하사 음식과 기쁨으로 너희 마음에 만족케 하셨느니라 하고."

하나님이 주신 세상의 이득을 누리고 살면서 하나님의 진리를 압박하고 거부한다고 바울이 말합니다. 하나님의 선물을 하나님의 것이라고 인정도 하지 않고, 감사도 하지 않습니다. 매일 은혜를 받음에도 불구하고 자기가 만들어 놓은 세상의 우상에게 감사하면서 절을 하며 삽니다. 바울은 로마서에서 말한 것처럼 피조물을 만들어 놓고 절을 한다고 합니다. 그래서 자기가 만들어 놓은 철학과 우상이 자기를 축복해 준다고 믿습니다. 이렇게 착각하고 사는 안 믿는 사람들에게 하나님이 과연 어떻게 하시겠습니까?

요한복음 15장에서 예수님께서 말씀하신 대로 죄를 고소하는 검사로 성령을 보냈습니다.

"세상이 너희를 미워하면 너희보다 먼저 나를 미워한 줄을 알라 너희가 세상에 속하였으면 세상이 자기의 것을 사랑할 터이나 너희는 세상에 속한 자가 아니요 도리어 세상에서 나의 택함을 입은 자인고로 세상이 너희를 미워하느니라 내가 너희더러 종이 주인보다 더 크지 못하다 한 말을 기억하라 사람들이 나를 핍박하였은즉 너희도 핍박할 터이요 내 말을 지켰은즉 너희 말도 지킬 터이라 그러나 사람들이 내 이름을 인하여 이 모든 일을 너희에게 하리니 이는 나 보내신 이를 알지 못함이니라 내가 와서 저희에게 말하지 아니하였더면 죄가 없었으려니와 지금은 그 죄를 핑계할 수 없느니라 나를 미워하는 자는 또 내 아버지를 미워하느니라 내가 아무도 못한 일을 저희 중에서 하지 아니하였더면 저희가 죄 없었으려니와 지금은 저희가 나와 및 내 아버지를 보았고 또 미워하였도다 그러나 이는 저희 율법에 기록된 바 저희가 연고 없이 나를 미워하였다 한 말을 응하게 하려 함이니라 내가 아버지께로서 너희에게 보낼 보혜사 곧 아버지께로서 나오시는 진리의 성령이 오실 때에 그가 나를 증거하실 것이요 너희도 처음부터 나와 함께 있었으므로 증거하느니라"(요 15:18-27).

바로 이런 점에서 안 믿는 사람의 죄를 고소하는 검사로서 성령을 보냈습니다. 여기서 안 믿는 사람에게 복음을 전하는 데 두 가지로 생각할 수 있습니다.

첫째, 우리가 해야 할 일은 안 믿는 사람이 만들어 놓고 사는 세계의 허구성을 폭로하는 것입니다. 이 세상에서 생각하는 우상들, 사상들이 행복이나 존귀한 것을 주는 것이 아니라는 것을 폭로해야 합니다. 그 다음에 하나님의 영광을 선포해야 하는 것입니다.

그래서 다리를 놓기 위해서 안 믿는 사람들에게 당신이 만들어 놓은 것 중에 좋은 것을 주는 것도 있다고 말합니다. 그런 좋은 것들은 결국 하나님으로부터 온다는 것을 보여주어야 합니다. 우리가 살고, 즐기는 모든 것들은 하나님이 주신 것이기 때문입니다. 믿지 않는 사람에게 이런 식으로 전도해야 한다고 말하는 것입니다.

　그러면서도 우리는 전도할 때 겸손해야 합니다. 왜냐하면 믿는 사람도 일관성이 없기 때문입니다. 우리도 두 세계에 왔다 갔다 하면서 사는 존재입니다. 우리가 예수님을 믿지만 예수님을 믿기 전의 생각을 아직도 가지고 있습니다. 아직도 우리 주위에 믿지 않는 사람이 만든 문화의 영향을 받는 사람들이 있습니다. 바울이 말한 대로 하나님의 나라 쪽으로 얼굴을 돌려야 합니다. '너의 생각을 고치라' 는 것입니다.

　사도 바울이 말한 대로 모든 사람은 생각이 완전하지 못합니다. 모든 사람이 오류를 범하고 있습니다. 우리는 생활 속에서 많은 죄들을 봅니다. 그래서 믿지 않는 사람들에게 전도할 때 우리가 과거에 어떠했는가, 지금은 어떠한가를 생각하면서 겸손하게 복음을 증거해야 합니다. 상대방을 존중하고 온유하게 전도해야 합니다. 특별히 안 믿는 사람들이 교회에서 비난할 때에 숨기려 하지 말고 솔직히 시인해야 합니다.

　제게 27년 사귄 친구가 있는데, 그는 믿지 않는 사업가입니다. 그가 하나님을 믿기가 어려운 것은 세인트 루이스에서 사업을 하는 사람 중에 예수 믿는 사람들이 있는데, 그들 때문에 믿지 못한다는 것입니다. 사업을 왜 그렇게 부정직하게 하느냐 하는 것이 그 이유입니다. 바로 이 사람은 사업 사회에서 가장 정직한 사람으로 알려져 있습니다. 사정이 그러한데 어떻게 다른 말을 할 수 있습니까? 시인할 수밖에 없었습니다. 제가 그에게 대답한 것은 이런 것입니다. 교회에서 잘못된 이원론의 가르침을 받았기 때문이라는 것입니다. 따라서 그리스도인은 어떻게 사업을 해야 할까를 많이 연구해야 합니다.

복음전도의 실제적인 단계

다음에 실제적인 단계를 생각해 보겠습니다. 여러분이 사는 문화 속에서 내가 전도하고자 하는 믿지 않는 사람에게 하나님께 영광이 될 만한 장점을 찾아냅니다. 사회제도, 미술, 음악, 정치 모든 면에서 찾아냅니다. 그 영광은 항상 거기에 있을 것입니다. 모든 문화는 죄가 있지만 하나님의 문화명령을 반영하고 있습니다. 물론 죄도 반영되고 있습니다.

그리고 모든 문화는 종교적인 사상을 반영하는데, 대부분 틀린 종교사상입니다. 기독교시인인 엘리엇은, 문화는 그들이 믿는 종교의 성육신이라고 하였습니다. 그래서 어떤 문화에 들어있는 영광이 어떤 것인가를 발견하는 것이 중요합니다.

문화에서 반영된 영광이 하나님의 말씀과 어떻게 부합되는가를 생각해야 합니다. 저와 테니스를 치는 친구가 있는데 그는 냉소주의자입니다. 그는 자신이 아주 완전한 냉소주의자라고 자랑스럽게 말합니다. 그래서 친구들이 복음을 전하려고 노력을 했습니다만 별다른 변화가 없었습니다. 그래서 제가 그에게 접근한 방법은 냉소주의와 다른 모든 이슈에 대해 토론을 하는 것이었습니다.

그가 가지고 있는 냉소주의와 정면충돌하기 전에 그의 생활에서 냉소적인 것이 아닌 좋은 것을 찾으려고 노력했습니다. 다시 말하면, 아무리 냉소주의자라 할지라도 냉소주의로부터 보호되어 있는, 냉소주의적이지 않은 면이 있다는 것입니다.

그는 가정을 사랑하는 사람입니다. 그런 면이 냉소주의적이지 않은 면이라는 것입니다. 바로 그 사람이 아까 그림에서처럼 하나님의 제도를 즐기고 있는 사람입니다. 그가 귀중히 여기고 신중하게 대하는 가정과 아이들과 부부생활로부터 시작해서 냉소적으로 생각하는 면들을 토론하기 시작합니다. 그렇게 이야기하니까 그가 마음을 열고 진실로 대화를 하게 되었습니다.

더구나 저에게는 공산주의자였던 아버지가 계시다고 말씀드렸는데 그에게 전도할 때도 정면으로 공격하지 않고 영국의 도덕이 파괴된 것부터 이야기합니다. 불쌍한 사람을 돌보아주는 것부터 이야기를 했습니다. 제 부모들은 가난하면서도 가난한 자를 돌보아주는 친절한 사람이었습니다. 크리스다스에는 자녀들이 음식을 불쌍한 사람에게 나누어주도록 시켰습니다. 이렇게 아버지의 장점을 기반으로 해서 토론합니다.

다른 예를 들자면, 세인트 루이스에서 사업을 하는 사람이 있는데 이제 복음에 매우 가까이 와 있습니다. 그와 대화를 할 때에 공동대화의 광장은 정직하고 열심히 일하는 것에서부터 시작합니다. 그래서 복음을 전하기 전에 사람을 잘 알아서, 특히 그 사람의 장점을 알아서 이야기해야 합니다. 그 사람의 인간성을 존중히 여기는 것으로 접근해서 내가 의도하는 복음전파를 획득해야 합니다. 그만큼 친하게 된 후에야 그들의 잘못된 점을 지적할 수 있습니다.

나중에 냉소주의적인 친구와 친해지고 나서, 저는 그에게 "냉소주의적 철학을 지닌 사람에게 가족을 사랑할 권리가 없다. 일관성 있게 산다면 당신의 가족도 버려야 한다'고 도전했습니다. 마지막으로 그가 가장 귀하게 여기는 성역으로 침범합니다. 그 이야기를 듣고 친구는 충격을 받았고, 더 토론하기를 원했습니다. 그런 후부터 그가 복음에 대해서 마음을 열기 시작했습니다.

우리 아버지의 경우에는 아버지가 그렇게 윤리적이고 도덕적인 생활을 하는데 사실 공산주의를 믿으면 그렇게 할 수 없다고 말했습니다. 레닌은 '도덕은 부르주아들이 소유하는 것'이라고 합니다 그분이 귀중하게 여기는 것은 사실 하나님으로부터 왔다고 말하였습니다.

믿지 않는 사업가들에게는 이렇게 도전했습니다. 그 사업가는 요즘 교회에 나가보았는데 투자한 만큼 얻은 것이 없다고 말하였습니다. 거기에 대해 저는 하나님이 당신에게 그렇게 해줄 의무는 없다고 말했습니다. 이런 말로 도전하는 것은 어떤 사람의 장점을 알고 친해지지 않고는 있을 수 없습니다.

이렇게 표현할 수 있습니다. 사랑하기 때문에 그 사람의 마음에 들어가서 전도해야 되겠습니다. 이것이 바로 이 세상에 예수님이 성육신하신 것이 아니겠습니까? 예수님은 팔레스타인의 조그만 곳에서 태어나셔서 문화를 즐기시며 살았습니다. 그리고 주위에 있는 사람들이 예수에게 주는 좋은 선물을 감사히 받았습니다. 사마리아 여인에게 물을 얻어 마셨습니다. 간음한 여자가 향수로 발을 씻겨주는 것을 용납했습니다.

따라서 우리가 살고 있는 주위의 안 믿는 사람들에게 좋은 선물을 받으면서도 다리를 놓을 수 있습니다. 우리는 인생을 그들에게 던져서 사는 것이 소명입니다. 그리고 그 사람들 밑에 들어가서 사는 것도 중요합니다. 그들이 가지고 있는 좋은 선물과 능력들을 받음으로써 복음을 위한 다리를 놓을 수 있습니다.

그들 위에 서서 군림하는 자세로 진리를 주는 것이 아닙니다. '당신은 참 엉망이다. 나한테 줄 것이 아무것도 없다.' 이런 방식은 잘못된 것입니다.

우리는 항상 완전하지 못하기 때문에 우리도 배울 점이 많고 받은 것이 많다는 자세가 필요합니다. '하나님의 은혜가 아니었다면 나는…!' 하는 겸손의 태도가 필요합니다.

위에서 말씀드린 군림하는 태도로 전도한다는 것이 잘못된 이유는 대화하기가 힘들기 때문입니다. 그가 가지고 있는 장점을 인정하지 않고 위에서 군림하면 절대로 듣지 않습니다. 그 결과로 그가 점점 교만해집니다.

다시 말해서, 예수님의 성육신을 본받아야 하겠습니다. 다른 사람을 나보다 낮게 여기는 정신을 가져야 합니다. 이것이 우리가 받은 소명입니다. 여러분의 친구들에게 복음을 전할 때 우리가 받은 소명이 그러한 것입니다. 그들의 생각과 생활의 좋은 면을 찾아서 먼저 이야기를 시작해야 합니다. 그들의 인격을 존중하고, 그들의 인격을 즐기고, 그들이 주는 도움을 감사히 받아야 합니다. 그렇게 할 때 복음을 전할 수 있는 다리를 놓을 수 있는 것입니다.

영상시대 속의 선교

"제자들이 예수께 나아와 가로되 어찌하여 저희에게 비유로 말씀하시나이까. 대답하여 가라사대 천국의 비밀을 아는 것이 너희에게는 허락되었으나 저희에게는 아니되었나니 무릇 있는자는 받아 넉넉하게 되되 무릇없는 자는 그 있는 것도 빼앗기리라. 그러므로 내가 저희에게 비유로 말하기는 저희가 보아도 보지 못하며 들어도 듣지 못하며 깨닫지 못함이니라. 이사야의 예언이 저희에게 이루었으니 일렀으되 너희가 듣기는 들어도 깨닫지 못할 것이요 보기는 보아도 알지 못하리라. 이 백성들의 마음이 완악하여져서 그 귀는 듣기에 둔하고 눈은 감았으니 이는 눈으로 보고 귀로 듣고 마음으로 깨달아 돌이켜 내게 고침을 받을까 두려워 함이라 하였느니라"(마 13:10-15).

정보 시대의 문제들

정보가 많은 시대에 정보가 우리에게 도움이 되는 것이 어느 정도인지를 살펴본 것이 '복음을 위한 다리 놓기'였습니다. 인간역사에 있어서 이 시대처럼 정보를 쉽게 얻을 수 있었던 적은 없었습니다. 이런 많은 정보들 중에서 우리에게 유익한 것들이 있습니다. 저는 보편적인 문제들을 생각해 봄으로써 시작하겠는데 이것들은 우리 기독교인들과도 관련된 문제입니다.

첫째로는 정보가 너무 많다는 것입니다. 정보가 너무 많기 때문에 우리가 그것을 다 소화하기가 힘듭니다. 공산주의가 동구권에서 무너졌을 때 미국사람들과 폴란드 사람들을 비교해 봅시다. 미국사람이 폴란드 사람들보다 정보량을 많았을지는 몰라도 폴란드 사람이 더 많이 가지고 있었습니다 예를 들어 보겠습니다. 우리 어머님이 미국에 방문했을 때 제 친구가 어머님을 식사에 초대했습니다. 식당에 가서 주문을 하는데 제 친구가 어머님께 "메뉴가 영어로 써 있으니 제가 설명해 드리겠습니다"라고 말했습니다. 그리고 우리 아들이 미국에 처음 와서 고등학교에 들어갔을 때 친구가 제 아들에게 "영국에서는 무슨 말을 쓰느냐?"고 물었답니다.

둘째는 정보가 홍수처럼 몰려오는데 그 정보를 우리가 어떻게 분류해서 사용하는가 하는 것입니다. 텔레비전이나 대중문화의 라디오와 같은 것들을 통해 우리가 정보를 얻으면 대부분이 필요없는 자질구레하고, 저질적인 정보에 지나지 않는 것을 알 수 있습니다.

셋째는 특히 내성적인 사람은 컴퓨터 통신(인터넷)으로 혼자 조용히 외롭게 인간관계 없이 지내게 되는 위험성도 있습니다.

넷째는 현실보다도 가상세계에 정신을 쏟기가 쉽습니다. 우리가 텔레비전이나 영상매체를 보면서 진짜로 지금 일어나고 있는 사건과 가상현실을 구분하기 어렵다는 것입니다. 우리가 보는 화면에 나타나고 있는 것이 진짜인가 가짜인가를 구분하기 힘들다는 것입니다. 어떤 사람은 "우리가 믿을 만한 것은 단지 오리지널 필름밖에 없다. 왜냐하면 그 필름을 가지고 컴퓨터로 조작해서 어떤 것이든 만들 수 있기 때문에 진짜와 가짜를 구분하기 힘들다"고 합니다. 그래서 법정에서 재판을 할 때 증거물로 오리지널 필름만 증거물로 받아들이는 것입니다. 왜냐하면 그걸 조작한 증거물은 진실이 아니기 때문입니다.

다섯째는 우리가 너무나 기계에 의존하기 때문에 사람이 불필요한 존재가 되어간다는 것입니다. 실업자가 늘어날 것입니다. 예를 들면, 옛날에는 사람들이 자기 악기 한 가지만 가지고 연주를 했는데 이제는 신시사이저라는 악기를 가져다가 사람들이 실제로 연주하는 것처럼 소리를 낼 수 있기 때문입니다. 따라서 음악가들은 굉장히 실망하고 있습니다. 테크놀로지가 승리하면서 인간성이 점점 더 쫓겨나고 있는 것이지요.

디자인계통을 예로 들면 제 친구가 세인트 루이스에서 그래픽 디자인을 하고 있는데 그 친구는 "전자기계로 디자인한 것을 보면 사람이 디자인한 것보다 훨씬 저질이다"라고 말합니다. 그리고 이런 전자기술이 발달함에 따라 개인의 비밀과 사생활이 침범받기 시작했습니다. 그래서 미국에서는 사생활에 관한 비밀을 보장하는 법들을 앞으로 많이 제정해야 한다고 여론을 모으고 있습니다. 예를 들어 신용카드를 만들었는데 은행에서 정보를 알고 개인의 정보를 전부 컴퓨터에 넣어서 그걸 또 다른 회사에 팝니다. 그러고는 그 회사들이 자기 상품을 팔아 달라고 전화를 하는데 사실상 우리는 알지도 못하는 사람들로부터 그런 불쾌한 전화를 받아야 하는 것입니다. 회사에서도 개인의 정보를 가지고 괴롭힐 수 있고 또 정부가 개인에 대항하여 개인의 정보를 악용할 수도 있죠.

또 하나 우리의 사생활을 침범하는 것은 PC통신에서 비롯된 것인데 모르는 사람들과 PC로 통신을 해서 사이버 섹스(CYBER SEX), 포르노 같은 것을 집에 있는 아이들까지 보고 즐깁니다.

정말 큰일입니다. 여러분의 부모도 그랬는지 모르지만 우리는 공부한답시고 자기방에 들어가서 문 딱 닫고 있으면 공부하는 줄 아는데 사실은 PC게임을 하면서 외부의 나쁜 정보를 받고 즐기고 있다는 것을 알아야 합니다. 그 결과 인터넷 같은 것으로 인해 그런 악하고 조잡한 포르노 같은 정보를 검열할 수 있는 방법이 완전히 없어졌습니다.

공공장소에서 영화를 같이 본다든지, 가족들이 함께 텔레비전을 같이 본다든지 할 때에는 그것이 자연적으로 하나의 검열과정을 거치는 것입니다. 아이들이 어른들과 같이 본다면 아무리 이상한 것들을 보더라도 그런 것을 실제로 행하거나 흉내내지는 못하기 때문입니다. 그런데 혼자서 자기 방에 있을 때에는 이런 나쁜 정보가 들어오면, 그것을 아무도 보지 않기 때문에 그것을 자신에게 적용해서 분별력 없이 행동할 수 있는 것입니다. 참으로 위험한 일이 아닐 수 없습니다. 또 하나는 출장을 많이 다니는 사람들에게 위험한 것이 있습니다. 미국에서는 각 호텔에 블루비디오 필름 같은 것이 잘 보이는 곳에 비치되어 있습니다. 필자가 아는 사업가들, 목사들까지 포함해서 여행을 많이 해야 하는 직업을 가진 사람들이 이런 경로를 통해 포르노에 사로잡혀 인생을 망치는 경우를 많이 보았습니다.

교회의 잘못된 접근

교회가 영상시대에 말려드는 현상을 볼 수 있습니다. 다시 표현하자면 진리를 저질화시키는 것입니다. 예를 들면, 어디를 가나 기독교음악 특히 복음성가를 계속 들려주는데 이런 배경음악을 계속해서 듣게 되면 나중에는 그것이 예사로운 것이 되어 나중에는 진리가 더 이상 진리가 아니고 습관화되어서 별로 신통치 않게 생각하는 결과가 나오게 됩니다. 마치 크리스마스 때 캐롤을 가지고 아주 멋있는 무드를 만들고 계속 들려줌으로써 사람들이 상점에서 물건을 많이 사도록 하는 상업적인 수법을 교회에서는 아는지 모르는지 계속해서 일조하고 있는 셈인데 이런 것은 우리에게 심리적으로 아주 위험한 것입니다. 캐롤 같은 것들이 진짜 크리스마스가 의미하고 있는 십자가, 부활, 영광 같은 것들을 저질화시키고 우리로 하여금 값싼 판매전략에 넘어가도록 합니다.

캘리포니아에는 전화를 걸면 변증적인 설명을 제공해 주는 컴퓨터가 있습니다. 철학적인 질문이 있는 사람이 여기로 전화를 하면 컴퓨터가 답변을 합니다. 그 컴퓨터에서 나오는 답이 문제가 되는 이유는 질문하는 사람이 서로 깊은 관련이 있는 일련의 인생문제를 가지고 전화를 한 것인데 컴퓨터는 상대방의 마음을 모르기 때문에 그저 형식적인 대답만 합니다.

다음으로 문제가 되는 것은 많은 사람들이 교회를 안 나갑니다. 많은 사람들이 텔레비전을 통해 예배를 드리고 또 전자교회라는 협회에 가입하므로 교회를 가지 않아도 되는 것입니다. 그리고 드라이브 인이라는 교회가 있는데 거기에는 차를 타고 있는 상태에서 앞에 있는 대형 스크린만 보고 있으면 예배가 진행됩니다. 그 결과 많은 사람들의 믿음이 사적인 것으로 변해 버렸습니다. 그것은 자신이 체험해서 자신이 갖고 싶어하는 믿음 그 이상도 그 이하도 아닙니다.

또 하나의 양상은 교회의 예배를 멀티미디어 쇼로 변형시켜 버린 것입니다. 극단적인 예를 든다면 마치 극장에 온 것과 같이 교회에 들어가는 입구에 팝콘이 있고 손님을 대접하기 위해서 전문적인 음악가와 배우들이 나와서 노래하고 연극을 하는 것입니다. 그리고 전도 또한 사람을 사랑해서 하는 것이 아니라 고급화된 전도의 기술을 사용해서 전도를 하는 것들이 전부 멀티미디어 영향으로 생긴 것입니다. 물건을 파는 상술과 마찬가지로 복음을 상품화시켜서 팔고 있습니다.

여기서 우리가 복음을 전할 때 어떤 문제가 발생하는가를 생각해 봅시다. 서양 특히 미국사회에서는 각 가정마다 텔레비전을 방마다 설치를 해놓고 텔레비전을 보든지 보지 않든지 항상 켜 놓아야만 사람 마음이 안정된다고 합니다. 이 사람들은 대부분 정신이 딴 데 가 있기 때문에 우리가 이런 사람들의 집에 가서 전도하기란 여간 힘들지 않습니다. 이런 사람들이 결과적으로 이룩해 놓은 것은 모든 존재하는 것을 합리화시킴으로 이 세상에서 하나님이 존재하지 못하게 하고, 하나님이 설 수 없게 만든 것입니다. 결국 이런 사회에서 과학기술이란 바벨탑처럼 숭상됩니다. 그러면 이런 상황에 있는 이 시대 사람들에게 어떻게 복음을 전할 수 있을까요? 예를 들면 미국사람들의 평균집중시간은 30초밖에 안 됩니다.

마태복음 13장에서 우리가 발견할 수 있는 것은 이렇게 듣지 못하는 사람들에게 예수님께서 어떻게 복음을 전하셨는가입니다. 먼저 우리가 전도를 하기 전에 꼭 기억해야 하는 것은 이미 우리가 생각한 것과 마찬가지로 기도를 열심히 해야 하고, 우리의 생활에서 예수님의 영광이 나타나도록 살아야 하고, 말씀으로 우리에게 주신 진리를 전해야만 합니다. 그리고 영적 전쟁의 내용을 전부 실천해야 합니다. 우리가 진리를 믿는다면 그 진리가 우리의 생활에서 실천이 되어서 나타나야 말씀이 전달되지 그렇지 않으면 우리의 말이 진리임에도 불구하고 그 누구도 우리의 말을 듣지 않을 것입니다.

비유와 영상시대의 전도

이런 영상시대 속에서 우리가 어떻게 전도를 할 것인가? 또 미디어 시대에서 같은 미디어를 통해서 복음을 전할 수 있을 것인 가? 예수님의 비유를 통해서 나타난 전도의 중요한 방법을 살펴보 겠습니다.

첫째로 예수님께서 하신 비유는 복음 전체를 말하고 있지는 않 습니다. 예수님께서 가르친 비유를 볼 때 어떤 비유를 보더라도 꼭 한 가지의 진리만을 강조하고 있습니다. 비유들이 전부 마치 CCC의 사영리와 같이 복음 전체를 다 전하려고 하지 않습니다. 예를 들어 전도서를 볼 때 전도서는 거의 전부 인생이 허무하다고 말하고 있습니다. 물론 나중에 가서는 진리의 진수를 보여주지만 처음부터 끝까지 인생의 문제에 대해서간 밝히고 있습니다. 룻기 를 보면 룻기에서는 하나님이라는 단어가 한번도 나오지 않음을 알 수 있습니다. 왜냐하면 룻기에서 말하고자 하는 것은 한 사람 의 신실함과 신실한 삶을 나타내기 때문입니다.

우리가 만나는 사람마다 그 시간 안에 복음의 전체를 가르쳐서 그 사람을 무릎꿇게 하려고 시도하는 것이 아니라 그 사람이 알아 야 하고 이해할 수 있는 복음의 한 면을 보여주는 것이 중요합니 다. 때로는 우리가 말로 전하는 것보다 그냥 우리의 생활을 보여 줌으로 전도를 해야 합니다. 베드로전서 3장을 보면 베드로는 믿 지 않는 남편이 있는 부인들에게 말로 하지 말고 경건한 생활로 남편들에게 보이라고 말합니다. 우리들은 가끔 전도의 내용이나 자세를 볼 때 복음의 전체가 없을 때에는 불안해 합니다.

C.S. 루이스의 생애를 그린 〈섀도우 랜드〉라는 영화는 자기의 부인이 죽었을 때 가졌던 슬픔을 그린 작품인데 〈섀도우 랜드〉라 는 영화 한 편을 보더라도 우리가 알 수 있는 것은 C.S 루이스 생애에 대해서 전부를 말하고 있지는 않습니다. 또 부정확한 정보 도 있지만 그 영화 자체가 아름답게, 우수하게 만들어진 것을 알 수 있습니다. 그런데 미국에서 많은 비그리스도인들이 C.S. 루이

스의 작품을 보고 즐기는 데 반해 그리스도인들은 오히려 "야, 그
거 너무 슬픈 내용인데 왜 작가가 죽음에 대한 부활과 소망에 대
한 이런 것을 얘기하지 않고 슬픈 장면으로 끝나는 이런 영화를
만들었는가"라고 비난합니다. 만약에 〈새도우 랜드〉를 기독교화해
서 예수를 믿으라는 메시지를 넣었다면 비그리스도인들은 이 영화
를 보지 않았을 것입니다. 그리고 또 한 가지 진실은 사랑하는 부
인이 죽었는데 슬퍼하지 않습니까? 슬퍼한다는 것을 이상하게 여
기는 그 사람이 이상한 것입니다. 예레미야가 말한 것과 같이 우
리들은 사람들의 상처를 너무나 쉽게 취급하려는 경향이 있습니
다.

둘째로 모든 사람이 다 복음을 들을 수 있는 자세가 되어 있지
는 않다는 것을 기억해야 합니다. 성경에 보면 예수님께선 어떤
사람들에게는 대답을 하시지 않습니다. 예를 들어서 부자 지도자
가 예수님께 와서 "내가 어떻게 하면 구원을 얻을 수 있겠습니
까?"라고 질문을 할 때 예수님께서는 일일이 대답을 하지 않습니
다. 왜냐하면 예수님이 이 사람이 복음에 대해서 들을 준비가 안
되어 있다는 것을 알기 때문입니다. 예수님의 대답은 그가 듣고서
슬퍼하며 돌아가는 결과를 맺었습니다. 예수님께서는 복음을 말하
지 않았습니다. 우리는 이런 경우를 보면 "우리도 복음을 가지고
이 사람 한번 쳐 보자, 공격해 보자"고 생각할 것입니다. 그렇다
면 예수님께서 이 사람을 특별히 미워해서 구원 받지 못하게 하신
것입니까? 그런 것이 아닙니다.

오히려 예수님은 그 사람을 사랑했다고 합니다. 예수님은 그에
게 복음이 아니라 슬픈 말을 주셨습니다. 가서 네가 하지 못하는
이것도 하고 저것도 하라고 했습니다. 그렇게 하신 이 사람은 자
신이 호인으로 율법을 잘 지켜서 의를 얻을 수 있다고 생각하는
자신만만한 태도였기 때문입니다. 또 하나는 그는 자신의 많은 재

산 때문에 아주 교만해져 있는 사람이었기 때문입니다. 그래서 예수님은 그 사람에게 슬픈 얘기를 함으로 그 사람이 눈물을 흘리며 돌아가는 결과를 맺었습니다. 물론 우리가 예수님처럼 사람들의 마음을 꿰뚫어 보지는 못하지만 그러나 우리는 믿지 않는 사람들과 잘 사귀어서 비그리스도인들이 복음을 들을 단계가 되어 있는지 아닌지를 구분해서 지혜롭게 복음을 전해야 합니다. 우리는 경우에 따라 구별을 해서 전도를 해야 합니다.

셋째로 이 비유는 부자지도자에게 정면충돌하는 것이 아니라 그 사람이 모르게 돌려서 한 말씀입니다. 여기서 예수님은 비유로 말하는 이유는 사람들이 복음을 듣기 싫어하기 때문이라고 말합니다. 그래서 정면충돌해서 복음을 전하는 대신에 예수님은 이야기를 해주십니다. 이 이야기를 들으면 처음에는 자기의 이야기가 아닌 것 같은데 곰곰이 생각해 보면 자신에 대한 이야기인 것을 알게 됩니다. 예수님의 전도방법을 보면 우리의 전도방법과 전혀 다릅니다. 예수님께서는 사람들에게 생각해야만 되는 그런 신중한 질문을 해서 그가 돌아와서 도전받고 괴로워서 못견뎌하다가 다시 예수님께 돌아오는 그런 방법입니다.

C.S 루이스의 작품을 보면 많은 작품들이 기적이나 고통의 문제를 다루는데 이것들은 변증적인 작품입니다. C.S 루이스는 토론하는 것을 무척 좋아했습니다. 엘리자베스라는 여자와 신앙에 대해서 토론을 한 적이 있습니다. 그대 C.S 루이스는 처음으로 토론에서 졌습니다. 그 이후로 그의 작품은 방향이 완전히 바뀌었습니다. 대신 그는 직접 변증하는 그런 책은 한 권도 쓰지 않았습니다. 그 이후로 그는 상상력이 풍부한 이야기 책을 쓰기 시작했습니다. 그는 동화적인 작품을 쓰면서 어떤 책의 서론에서 이렇게 말합니다. "복음을 많이 들었는데도 불구하고 복음을 듣기 싫어하는 사람에게 어떻게 복음을 전할 수 있을까? 나는 이런 방법을 통

해서 복음을 전한다.”

넷째로 어떤 사람에 대한 구원의 책임은 하나님께 있다는 것입니다. 하나님께서는 어떤 상황에서 어떤 사람을 사용해서 사람들을 예수님께 인도하십니다. 고린도전서 3장에서 바울은 이렇게 말합니다. “나는 씨를 심고 다른 사람들은 물을 주지만 하나님께서는 기르신다”고 제가 전도한 사람들이 많은데 나중에 알고 보면 제가 전도하기 이전에 많은 사람들이 그 사람을 위해서 기도하고 있었다는 것을 알게 됩니다. 예를 들면 어떤 사람은 그의 이모가 20년 동안 기도를 했다든지 또는 그 사람의 인생에 있어서 큰 실패를 하고 고민하다가 저에게 왔다든지 하여튼 하나님께서 많은 역사를 했기 때문에 결국 저에게 와서 복음을 듣고 회심을 했지 제가 그 사람을 회심시킨 장본인이 아니라는 것입니다.

그리고 2년 전에 수양회에서 만난 마녀(아직도 외국에는 마녀가 있음 - 번역자 주)대해서 설명한 것 같은데 그 마녀가 라브리에 와서 예수를 믿었습니다. 지난 봄에 그 여자가 라브리에 와서 저와 얘기하면서 제가 그녀에게 말로 전한 것 보다도 제가 그녀를 용납하고 인간적으로 대해 주었기 때문에 제 온유함과 인간성을 존중하는 그런 태도에 그 여자가 예수를 믿었다는 것입니다. 또 다른 예를 들면 세인트 루이스에 35년 만에 예수님을 믿은 사람이 있는데 그 사람이 나중에 얘기하기를 자기가 초등학교를 다닐 때 그의 여선생님이 그에게 해 준 두 가지 일 때문에 그가 예수님을 믿게 되었다고 합니다. 첫째 이유는 그 여 선생님이 자기에게 친절하게 대해 주었다는 것과 그에게 C.S 루이스의 동화를 재미있게 읽어 주었다는 것입니다. 그는 혼자서 C.S 루이스의 작품을 생각하고 기억하고 해서 아무에게도 전도받지 않고 스스로 예수님을 혼자서 믿게 되었다는 것입니다.

우리가 하나님을 믿는다는 것은 자유롭게 된다는 것입니다. 예수님이 하나님 아버지를 믿고 하나님의 뜻대로 한 것과 마찬가지로 하나님을 의지한다는 것은 책임이 하나님께 있다는 것입니다. 그렇기 때문에 우리가 자유롭게 되어서 전도하는 것도 복음의 전부를 말해야겠다는 강박관념에서 해방되고, 책임이 나에게 있지 않기 때문에 마음이 그렇게 조급하지 않게 되는 것입니다.

하나님에 대한 확신이 있어야 합니다. 왜냐하면 하나님이 우리가 이 사람을 사랑하는 것보다 더 사랑한다는 것을 알고 있기 때문입니다. 그런 확신이 있어야합니다. 그 다음에 우리가 비그리스도인들을 사랑해야 하는데 사랑할 때 우리는 사랑이라는 동기로 복음을 전해야지 예수님이 언제 오실지도 모르는데 지금 구원받지 못하면 내일 당장 죽는다는 강박관념으로 해서는 안 됩니다. 요약하면 하나님을 믿고 의지한다는 것은 우리를 과대망상에서 해방시켜 줍니다. 우리를 단지 작은 사람이라는 사실을 깨달게 해줍니다.

다섯째로 만약 우리가 미디어를 전드에 사용한다면 예수님께서 하신 것과 같이 해야 합니다. 먼저 미디어를 쓸 때 미디어 작품들이 우수해야 합니다. 비그리스도인의 작품들보다 우수하게 해야지 만약 질이 떨어진 작품들이라면 사람들이 보려 하지 않을 것입니다. 그리고 진리의 진수를 전해야지 감정에 호소하는 식의 전도도 좋지 않습니다. 우리가 어떤 식으로 전도하든지 정직해야 합니다. 예수님께서 구원하신다는 말을 비디오에 삽입한다든지 텔레비전에 넣는다고 해서 그 작품이 저절로 좋은 작품이 되는 것은 아닙니다. 우리가 그것을 정직하게 노력해서 우수한 작품을 만들어야 합니다. 그러므로 우리가 진리를 전하려고 할때 하나님께서 받으셔야 마땅한 영광을 드리기 위해서 노력허야 합니다.

마지막으로 만일 여러분이 예술, 문학 방면에서 작가가 되기 원하신다면 우선 과거에 유명했던 작가들에 대해 먼저 배우십시오.

라브리 작은 책 시리즈는
작지만 큰 진리를 담고 있습니다

6 쉐퍼와 예술
쉐퍼의 「예술과 성경」을 중심으로

"교회문화에서 탈피하는 것이 쉐퍼가 우리에게 말하고자 하는 논거의 본질이다."「예술과 성경」
에 나타난 쉐퍼의 예술관과 우리가 해야 할 일을 이승훈 목사가 조명한다

제람 바즈 지음 / 김정훈 옮김

7 비판에 대처하는 법

비판당할 때 어떻게 대처하고 어떻게 받아들여야 할지, 그리고 남을 비판할 때는 무엇을 주의
해야 하는지 저자의 경험을 바탕으로 아주 실제적인 교훈을 주고 있다.

제람 바즈 지음 / 장진호 옮김

8 용서
요셉과 그의 형제들을 중심으로

다른 사람에 대한 증오와 적의로 고통받고 있는 우리들. 베리 시그린은 이 글에서 어렵지만 이
러한 도전에 용서라는 기독교적인 길을 선택해야 함을 이야기한다. 더불어 용서의 실제적인 의미
를 열 가지로 짚어 본다.

베리 시그린 지음 / 박희중 옮김

9 철학의 기본적인 물음에 대한 기독교적 답변

성경만이 인간의 근본적인 문제에 관해 어떤 종교나 철학에서도 제시하지 못하는 유일한 답변
을 준다는 쉐퍼 박사의 논증. 이 답변들은 하나님이 주신 계시로부터 얻을 수 있지만 역사에 뿌리
박고 있는 사실들이며, 다양한 방법으로 관찰되고 논의 가능하다고 이야기한다.

프란시스 쉐퍼 지음 / 김종철 박진숙 옮김

10 복음을 위한 다리 놓기
사도행전 17:16-31에 기초한 설교 요약

'세상 사람들 대 기독교인'이라는 벽을 쌓거나 세상을 정죄하는 태도에서 벗어나 당시 사회적
으로 전혀 받아들여지지 않았던 이들과 함께 식사도 하고 술자리도 하셨던 예수님처럼 행해야 한
다는 제람 바즈 교수의 설교 요약.

제람 바즈 지음 / 조원상 옮김

11 바른 영성이란

한국 라브리 성인경 간사의 바른 영성에 대한 통찰. 바른 영성은 기본적으로 하나님의 형상을
회복하는 것이다, 적극적이고 전투적인 삶이다, 인간을 자유롭게 하고 인간답게 살게 하는 것이
다, 지성과 체험이 하나로 통합되는 것이다, 죄짓는 것 이외에는 모든 것이 영적이다라고 성경적
으로 고찰한다.

성인경 지음

12 겸손

인간 죄성의 핵심은 교만이라는 전제에서부터 진정한 겸손은 우리가 주님 앞에서 어떠한 존재인가를 인정하고 다른 사람들의 종이 되고자 준비하는 것을 의미한다는 제람 바즈 교수의 겸손에 대한 성찰.

제람 바즈 지음 / 조원상 옮김

13 개혁주의 성경학과 기독교 설교

개혁주의 신앙, 즉 프로테스탄트(개신교) 신앙은 예수님과 사도 바울의 신앙관을 이해하였던 어거스틴과 존 칼빈의 성격적 신앙관을 계승한다. 필자는 이 책에서 개혁주의 신앙의 성경 이해와 그것의 설교와의 관계를 개괄적으로 고찰하고 있다.

한제호 지음

14 그리스도인의 상식

그렇다면 구체적으로 무엇이 그리스도인의 상식이며, 지각 있고 현명한 삶입니까? 이 책은 에디스 쉐퍼 여사의 「그리스도인의 상식적인 삶」이라는 책에서 지금, 바로 이 시대를 사는 그리스도인들에게 필요하다고 생각하는 상식을 정리 요약한 글이다.

양혜원 지음

15 지도자론

지도자의 자격은 무엇인가? 누가 지도자가 될 것인가? 이 책은 교회, 비교회 단체, 선교 단체 지도자 등의 지도자로서 자기 관리에 대해서 이야기하고 있다.

김북경 지음

16 20세기 말의 가정

혼란스러운 이 시대에 우리는 어떤 가정생활을 해야 하며 미래를 기다려야 하는가? 이 책은 그리스도인으로서 어떤 문제를 해결할 때 뿌리가 되고 모든 것의 근원이 되는 창세기로 돌아가야 하며 주님이 무엇을 원하는지, 무엇이라고 말씀하시는지 귀를 기울이라고 말한다.

신디아 김 지음

17 창의력과 예술

"하나님께서 창세기를 시작하실 때 어떤 것을 준비하셨고, 또한 마지막까지도 준비하셨습니다." 이 책은 창조력을 가진 인간에게 하나님이 무엇을 말씀하시는가와 창의력 개발에 의해 예술이 어떻게 발전할 수 있는지에 대해 이야기하고 있다.

신디아 김 지음